PUHUA BOOKS

我们一起解决问题

社交媒体用户
亲社会参与行为机制研究

黄丽娜　著

人民邮电出版社
北　京

图书在版编目（CIP）数据

社交媒体用户亲社会参与行为机制研究 / 黄丽娜著
. -- 北京 : 人民邮电出版社, 2024.1
ISBN 978-7-115-62935-7

Ⅰ. ①社… Ⅱ. ①黄… Ⅲ. ①传播媒介－社会行为－
研究 Ⅳ. ①G206.2

中国国家版本馆CIP数据核字(2023)第190426号

内 容 提 要

本书从传播学与社会心理学相结合的视角出发，运用质化与量化相结合的研究方法，重点探讨了社交媒体用户亲社会参与行为机制，揭示了社交媒体是如何通过为用户线上行为提供机会来促进用户的自我决定感，进而对亲社会参与行为产生影响的。全书基于用户、内容、在线社交网络、效果四个理论支点，既对社交媒体用户亲社会参与行为所涉及的概念、分类等方面进行了系统阐述，也对影响机理、模型及假设关系进行了实证检验，形成了从理论到实践的知识闭环。

本书适合社会科学领域科研工作者、社交媒体行业管理者，以及相关领域的研究者、师生阅读和使用。

◆　　　著　　黄丽娜
　　　责任编辑　程珍珍
　　　责任印制　彭志环
◆　人民邮电出版社出版发行　　　　　北京市丰台区成寿寺路 11 号
　　邮编 100164　电子邮件 315@ptpress.com.cn
　　网址 https://www.ptpress.com.cn
　　北京天宇星印刷厂印刷
◆　开本：700×1000　1/16
　　印张：15　　　　　　　　　　　2024 年 1 月第 1 版
　　字数：300 千字　　　　　　　2025 年 9 月北京第 6 次印刷

定　价：79.80 元
读者服务热线：(010) 81055656　印装质量热线：(010) 81055316
反盗版热线：(010) 81055315

前　言

　　在突发公共卫生事件中，社交媒体用户亲社会参与极具社会意义。一方面有助于建立积极的网络互动社会规范，有力对抗和平衡网络谣言等在突发危机情境下带来的负面效应。另一方面有助于强化社会关系，减少个人恐慌、焦虑等负面情绪。更重要的是，借助不同形式的亲社会参与不仅可以实现社会互助，还能形成一种黏合效应，使整个社会在危机情境中紧密联系在一起，进而有助于事件发生之后的应急管理与社会重建。但相较于对网络风险行为研究的学术热情，学术界对社交媒体用户的亲社会参与还不够重视。

　　本书旨在从理论上解释突发公共卫生事件中社交媒体用户亲社会参与的内在行为机制，进而从实践上为提升亲社会参与度提出可供参考的建议。研究主要从三个方面展开。一是概念研究。通过网络文本采集与内容分析法，从行为表现的视角分析突发公共卫生事件中用户亲社会参与的行为类别，从而解析概念内涵、形成概念维度、发展测量工具。这些内容在作者已有研究成果（黄丽娜，2022）基础上进行了修订与补充。二是影响因素及机理的质化研究。采取扎根理论对深度访谈数据进行程序化编码，探索影响突发公共卫生事件中社交媒体用户亲社会参与的社交媒体因素和个体心理因素，厘清它们之间的典型逻辑关系，从而为行为机理的系统化过程搭建一个理论框架。三是行为机制的量化实证研究。基于质化研究结果，结合自我决定论、S-O-R 理论、M-O-A 理论完成理论模型建构，提出研究假设；采用回归分析、Bootstrap 法对 705 份有效样本数据进行统计检验和实证分析，并对实证结果展开深入讨论。

研究发现亲社会参与是一个具有三个核心维度的概念，包括"情感支持""网络贡献""爱心行动"，可通过 16 个题项来实现有效测量。社交媒体是用户亲社会参与的典型平台，其可供性包括丰富性、可见性与可联系性，它们对亲社会参与的各个维度均具有促进作用。在突发公共卫生事件中，社交媒体用户亲社会参与行为可以用一个社会技术模型来解释，其行为机制是一个包含"前因－机体－结果"的系统化过程。在这个社会技术整合模型的解释下，用户是积极主动的参与者，而激活与强化用户自我决定感的正是社交媒体可供性，在二者的共同作用下亲社会参与涉及自我增强路径、群体归属路径与共情利他路径。亲社会参与可被理解为用户在社交媒体特定环境下所进行的在线展演、社会连结或共同体实践。

相较以往的研究，本书首次系统化探究了突发公共卫生事件中社交媒体用户亲社会参与行为，描述并验证了亲社会参与的三维度内涵结构，提出"可供性－自我决定感－亲社会参与"是一个系统化的行为过程，其内在机制可以用一个社会技术模型来解释。本书从实践层面探讨了如何提升突发公共卫生事件中用户亲社会参与度。

一是将社交媒体纳入应急管理体系，通过应用社交媒体为用户提供更多的行动可能性，从而促进突发公共卫生事件中用户亲社会参与。本书的研究结论表明，突发公共卫生事件中社交媒体为用户参与提供了丰富性、可联系性与可见性，它们能够影响用户群体认同、亲社会自我认同、网络共情体验及自我效能感，并通过这些因素对用户亲社会参与产生促进作用。因此，在突发公共卫生事件中，我们应将社交媒体纳入应急管理体系，以充分发挥社交媒体在社会动员与危机传播中的技术特长与用户优势。政府、互联网平台、新闻媒体等利益相关者通过为用户提供更多的行动可能性来促进亲社会参与水平，使社交媒体用户的亲社会参与成为公共危机状态下的"社会黏合剂"，将整个社会最大限度地以一种积极的方式联系在一起。

二是识别社交媒体用户心理需求，提升用户在突发公共卫生事件中的自我决定感，强化亲社会参与的心理机制。本书的研究结论表明，突发公共卫生事件中社交媒体用户亲社会参与行为机制是从社交媒体可供性到自我决定感，再到亲社会参与行为的系统化过程，其中的核心在于自我决定感对亲社会参与的心理机制。具体而言，群体层面的群体认同、个体层面的亲社会自我认同、网络共情体验及自我效能感构成了用户自我决定感，从而成为用户亲社会参与的直接动因。因此，要提升社交媒体用户在突发公共卫生事件中的亲社会参与度，就必须识别社交媒体用户在突发公共卫生事件中的心理需求，进而通过提升用户自我决定感来强化亲社会参与的心理机制。根据本书的研究结论，自我决定感包含群体认同、亲社会自我认同、网络共情体验及自我效能感，用户基于不同的心理需求而进行亲社会参与，其影响路径主要包括群体归属路径、自我增强路径、共情－利他路径和能动性路径。

目　录

第 1 章

绪论

1.1　研究缘起

1.1.1　社交媒体成为突发公共卫生事件线上参与的主要场域

突发公共卫生事件是指突然发生，造成或可能造成社会公众健康严重损害的重大传染病疫情、群体性不明原因疾病、重大食物和职业中毒以及其他严重影响公众健康的事件。近年来，无论是在国内还是在国外，突发公共卫生事件频繁发生，给人类命运共同体带来了巨大的威胁和创伤。相比自然灾害、安全事故等突发公共事件，突发公共卫生事件具有波及范围广、影响力更持久的特征，它一方面威胁大多数民众的生命安全与身心健康，另一方面也会冲击和阻碍整个经济社会的发展，甚至带来较为持久的影响。可以说，突发公共卫生事件的日益频发给人民生活与社会稳定带来了重大影响，因而如何预防突发公共卫生事件、如何开展行之有效的应急管理成为人类命运共同体共同关注且亟待解决的迫切议题。

正是由于突发公共卫生事件影响巨大，并涉及大多数人的切身权益，因而社会公众关注度和参与度较高。随着信息技术的快速发展，互联网技术已渗透到我们生活的各个方面，它不仅扩展了社会公众参与突发公共卫生事件的渠道，而且使社会力量广泛参与成为可能。特别是近年来蓬勃发展的社交媒体，使网络用户规模与使用范围得以迅速扩大，如Facebook[①]，Twitter及我国本土的QQ、微博、微信，以及新兴的短视频平台等，以社交为核心的新媒体已经成为人际互动、社会交往及公共参与的主要场域。中国互联网络信息中心（CNNIC）的报告显示，截至 2020 年 12 月，我国网民规模达 9.89 亿，互联网普及率达70.4%。早在 2019 年，CNNIC 的报告就指出，社交平台以用户为核心，注重用户之间的互动、分享、传播，网络用户已不断向移动端、社交媒体迁徙。

作为一种参与度高、开放性强、信息扩散速度快，同时还具有一定社会透明度的新媒介形态，社交媒体的本质就是用户参与。随着社交媒体在日常生活中的普及应用，人们除了习惯于利用社交媒体进行自我呈现与人际互动外，也热衷于通过社交媒体参与突发公共卫生事件进而满足自身需求。诸如通过社交媒体关注突发公共卫生事件的发展动态，获取社会支持，搜寻突发公共卫生事件相关信息，参与突发卫生事件的相关讨论，主动提供与之相关的建议或进行与之相关的社会动员，都成为突发公共卫生事件中最为常见的社交媒体线上活动。

1.1.2　用户参与行为中包含极具社会价值的亲社会行为

在突发公共卫生事件中，社交媒体用户参与的行为类型涉及广泛，既包含涉及公共议题讨论与公共政策制定的公共参与行为，也涵盖人际互动、信息传播或个体使用等行为类型。而这些不同类型的用户参与行为实际上涉及多种价值取向，其中区别最为明显的就是亲社会与反社会取向。心理学领域的研究者认为，亲社会取向的行为即亲社会行为，它被描述为"旨在帮助或有益于其他个人或个人群体的自愿行动，诸如帮助、分享、捐赠等"（Dovidio, J. F., 2006；Eisenberg, N., et al., 2006），而反社会行为则是与之截然相反的有损他人或社会利益的负面行为。

---

① 现已更名为 Meta。

在突发公共卫生事件中,传播网络谣言、实施网络攻击等都是最为常见的社交媒体反社会行为类型,而针对这些行为的研究在过去已经大量开展。除此之外,心理学领域的研究者认为,突发事件虽然会给个体带来消极影响,但也能够促进其心理与行为上的积极变化,因而亲社会行为也是突发公共卫生事件中普遍存在的个体行为类型,包括在事件中人们所表现出的参与捐款、提供帮助等。2020 年 4 月 CNNIC 发布的第 45 次《中国互联网络发展状况统计报告》显示,在抗击新冠肺炎疫情过程中,有上亿用户通过微博参与了公益捐助,而线上公益捐助是典型的亲社会参与类型。当然,在突发公共卫生事件中,人们通过社交媒体参与的亲社会行为不止捐赠,诸如在线救助也是参与度较高的亲社会行为类型。

亲社会行为本身具有积极的社会意义。亲社会行为能够使他人乃至整个群体获益,并可以构建与提升交往双方之间和谐的关系,从而有益于社会和谐发展(张庆鹏,寇彧,2011)。在突发公共卫生事件中,通过社交媒体参与亲社会行为的重要意义还在于:一方面能够建立积极的在线互动的社会规范,对抗和平衡突发公共卫生事件中网络谣言、网络攻击等带来的负面效应;另一方面能够强化社会关系,提高关系质量,从而培养行为主体的幸福感和自尊(Lemmens,J.S.,et al.,2009),减少个人在突发公共卫生事件中的恐慌等负面情绪。更为重要的是,亲社会行为不仅有利于实现社会互助,还能够形成一种黏合效应,并且通过线上的"爱心传递""善意蔓延"使整个社会在危机情境中紧密联系在一起,进而有助于事件发生之后的应急管理与社会重建。可以说,在突发公共卫生事件带来的危机情境下,社交媒体在线亲社会行为对个体乃至群体发展的意义尤为重要。

1.1.3 学术界相关研究的缺失

在突发公共卫生事件中,用户普遍通过社交媒体进行信息共享,并倾向于依赖社交媒体与他人建立联系及合作,因而更多地了解社交媒体亲社会行为的积极方面就显得尤为重要（Qualman，E.，2010）。但回顾相关领域的研究成果，笔者发现不仅学术界对突发公共卫生事件中社交媒体用户亲社会参与行为的研究鲜有涉及，而且从传播学角度进行的亲社会参与行为的研究整体上都较为缺乏。

媒介对个体行为的影响是传播学研究的一个重要领域，但相比对暴力行为的关注，传播学领域开展的亲社会行为研究较少。在针对网络行为的研究中，研究者更为关注互联网使用所带来的行为风险，如网络成瘾、网络谣言等。事实上，已有研究表明了媒体与亲社会行为之间的关系，如有研究发现暴力视频游戏、亲社会视频与亲社会行为之间存在相关性。这些研究提供了媒体接触能够影响个体亲社会行为的证据，但大多数研究是从心理学领域开展的，并且涉及较多的电视媒介、视频游戏，而对互联网尤其是社交媒体领域并未进行过多的关注。这一现象近期有所改观，如一项针对网络游戏的研究发现，网络游戏与玩家的利他主义和亲社会行为之间存在相关关系（Wright，M. F.，et al.，2011），另一项有关社交网络游戏的研究发现有界广义互惠理论对游戏中的亲社会行为具有充分的解释力。尽管这方面的研究依然少之又少，但已然反映出传播学领域对亲社会行为重要价值的关注。

突发公共卫生事件中的社交媒体用户研究是国内外学术研究者热衷的内容，该方面的研究议题、学科视野、理论框架及研究方法都较为丰富。虽然大量已有的研究成果为本书提供了理论参考与研究方法上的启示，但仍有可拓展之处，主要体现在：学术界在研究突发公共卫生事件用户参与时对危机传播与管理、网络舆论等报以较高的热情，而对社交媒体用户在突发公共卫生事件中参与的亲社会行为则关注较少。现有的研究成果虽然探讨了突发公共卫生事件中普通个人用户在线参与的转发行为、跟帖行为、持续分享行为、造谣辟谣行为、网络集群行为等，但是在用户亲社会参与行为方面，仅有少许研究成果产生，如有研究者探讨了突发公共卫生事件中的用户正能量信息分享行为。

1.2 文献回顾

1.2.1 亲社会行为的经典理论解释

亲社会行为是旨在造福他人或促进与他人和谐关系的自愿行为，包括安慰、帮助和分享（Eisenberg，N.，et al.，2007）。社交媒体用户在突发公共卫生事件中的亲社会参与行为实际上是一种发生于线上环境的亲社会行为，本质上都是有益于他人的积极的社会行为。正是由于亲社会行为的目的是有益于他人，但人又是理性人，即人是自私的，会将自我利益最大化，那么人们为什么又会参与亲社会行为呢？这就出现了所谓的亲社会悖论。对此，经典的行为理论给出了如下三种解释。

1. 进化心理学理论对亲社会行为的解释

进化心理学通常根据自然选择的原理和基因进化传递过程来解释人类的社会行为，认为生命的本质就是使基因存活下来，能够促进个体生存的基因更易被大自然所选择。根据进化心理学的观点，亲社会行为并非由高尚的人格或其他因素所引发，而是遗传和本能的结果。在进化心理学视角下，亲社会行为有亲缘选择观、互惠观不同的理论解释。

首先是亲缘选择（kin selection）。亲缘选择的观点认为，基因使人们愿意关心与之有亲缘关系的人。在自然选择过程中，人们会产生基于生物学层面的偏向，即偏向于那些存在亲缘关系的个体。因此，亲社会行为个体倾向于帮助与之存在亲缘关系，即相同基因的其他个体。其意义就在于确保自我的基因能够存续并在未来世代中得到传承。但戴维·迈尔斯（David Myers，2016）指出，这并不是说我们在帮助他人之前会先计算基因的相关度，而是说帮助近亲是人的本性。此外，亲缘选择也会带来种族的群体内偏好。其次是互惠（reciprocity）。针对陌生人之间的亲社会行为，进化心理学家又提出了互惠观。戴维·迈尔斯认为，在小的、隔离的、外界的群体中，互惠能够起到更大的作用，原因是在这样的群体中，人们可以看到被自己帮助过的人。这一观点可被理解为，我现在帮助了你，是因为我确信我需要帮助的时候，你将有所回报。

2. 社会交换理论对亲社会行为的解释

社会交换理论的代表人物乔治·霍曼斯（George Homans）在《社会行为的基本形式》一书中指出，个人行为就是个人之间进行报酬和惩罚的交换，人们总是追求报酬，同时逃避惩罚。社会交换理论假设人与人之间的交往受到社会经济学的指引，其核心观点是，人们之间相互作用的目的是以最小的代价换取最大的报偿。虽然社会交换理论并不主张人们有意识地监控成本与收益，但却表明这类因素可以用来预测人们的行为。尽管社会交换理论并不赞成进化心理学家对亲社会行为的解释，但这两种理论取向的基本观点是一致的，即亲社会行为产生于利己而非利他主义。根据社会交换理论的观点，个人在提供亲社会行为之前会对行为可能获得的内部报偿与外部报偿进行精细衡量。至于亲社会行为所涉及的内涵维度，本书将在后续章节中给予回答。

3. 社会学习理论对亲社会行为的解释

美国心理学家阿尔伯特·班杜拉（Albert Bandura，1977）提出的社会学习理论着眼于观察学习和自我调节在引发个人行为中的作用，该理论的核心观点是，人的行为可以通过联结、强化和观察学习三种机制习得。联结机制认为学习就是刺激 – 反应联结；强化机制表明人的行为是直接强化、替代强化与自我强化的结果；观察学习机制则表明人们通过观察他人或模仿榜样，来学习某种社会行为及行为规则。社会学习理论明确了亲社会行为是习得的，亲社会行为可以是强化的结果，也可以是观察学习的结果，包括直接强化和替代性强化。

社会学习理论中的大多数亲社会行为研究与媒体相关，这主要是由于大众媒体在塑造榜样并提供榜样示范方面发挥着重要作用，如与电视、音乐和视频游戏等相关的亲社会行为研究。有些学者对媒体与亲社会行为的关系进行了早期研究。他们发现，在电视节目中接触亲社会内容的孩子会表现出更多的亲社会行为（Sprafkin, J. N., et al., 1975）。而相反的情况其结果亦然，如暴力电子游戏会降低亲社会行为的可能（Bushman，B. J.，et al.，2001）。

1.2.2　互联网环境中的亲社会行为研究

在过去的几十年中，数字技术为社会行为创造了新的机会，使得亲社会行为可以在线进行（Yew，J. C.，2011）。互联网在线环境中的亲社会行为近来开始被研究者关注，并直接以"网络亲社会行为"来指称。虽然心理学等学科领域关于亲社会行为的研究成果颇丰，同时学术界对网络在线行为的探讨也十分深入，但二者相结合的网络亲社会行为还是一个新兴的研究主题。尤其是相对网络欺凌、网络攻击、网络造谣等负面在线行为，学术界对线上亲社会行为的探讨并不充分。由于在国内研究中网络亲社会行为与网络利他行为存在概念混用的情况，因此本书以"网络亲社会行为""网络利他行为"作为主题词在中国知网（CNKI）进行期刊论文检索，不限定时间，检索结果分别为 55 篇、79 篇。除此之外，有部分文献针对网络亲社会行为的一些子类型进行研究，如网络捐赠、网络知识贡献行为、网络志愿服务等，但研究者大多并未从网络亲社会行为的视角进行理论观照。在检索到的 134 篇文献中，最早的研究出现在 2002 年，随后每年呈缓慢增长趋势，年均发文量比较多的是 2017 年，数量为 15 篇。文章主要来自《心理科学》《中国临床心理学杂志》等心理学学科的核心刊物，新闻传播学类的刊物较少。

针对国外研究概况，本书以 2000—2020 年作为文献检索的时间区间，以全球知名科技文献（Web of Science，WOS）数据库平台中社会科学引文索引（Social Sciences Citation Index，SSCI）作为数据库来源展开了分析。WOS 涵盖了 SSCI 全部来源期刊，其子数据库在学术界享有较高权威。本文以"internet prosocial behavior""online prosocial behavior"作为检索词进行主题检索，文献类型限定为学术期刊文章，语言限定为英文。按照此检索策略分别检索到 262 篇、107 篇，剔除重复信息进行组配后，最终得到 322 篇网络亲社会行为研究的学术文献。最早的文献出现在 2004 年，相比之下，国内对网络亲社会行为研究的起步时间更早。在 322 篇文献中，占前三位的学科领域分别是心理学、社会心理学、传播学。从统计模块图来看，网络亲社会行为涉及的学科领域以心理学及其分支学科为主，同时涵盖传播学、管理学、家庭研究等领域，是一个跨学科的研究主题。但相关领域的网络亲社会行为研究成果数量均在 100 篇以下。传播学领域的网络亲社会行为研究成果有 33 篇，主要刊载于 *New Media Society, Cyberpsychology Journal of Psychosocial Research on Cyberspace, Media Psychology, Communication Research* 等核心刊物中。

尽管国内外关于在线亲社会行为的研究成果数量较少，也未形成系统的理论成果，但这些研究成果已然反映了线上亲社会行为的普遍性及其重要价值。相关文献所涉及的有关线上亲社会行为的理论框架、测量方法、影响因素等也为本书研究突发公共卫生事件社交媒体用户亲社会参与带来了重要启示。综合文献回顾成果，目前国内外研究主要从以下三个方面探讨了用户在网络游戏、虚拟社区、社交媒体、数字媒体等网络互动环境中的亲社会参与行为。

1.2.2.1 对行为表现与维度的研究

一般而言，对于一个新兴课题的研究是从概念界定和理论框架的探讨正式开始的，在这之前往往是一些现象描述与经验归纳。在网络亲社会行为的概念界定上，研究者一般认为网络亲社会行为是个体亲社会行为向网络中推广和延伸而产生的（Wright, M. F., et al., 2011），是亲社会行为在网络空间的发展。

1. 网络亲社会行为的类型与表现

关于网络亲社会行为的内涵界定，研究者基本上是将亲社会行为的内涵拓展到网络环境之中，但在其外延的认知上却存在一定的差异。网络亲社会行为的类型与表现涉及的正是网络亲社会行为外延的问题。宋凤宁等人（2005）通过调查发现，高中生在网络上的亲社会行为表现从高到低依次为抚慰、合作、分享、帮助。范德博斯等人（Vandebosch, et al., 2018）将青少年参与网络亲社会行为分为实施和接受两个维度。

此外，研究者更多的是从网络利他行为的概念维度来进行研究的。例如，王小璐、风笑天（2004）将网络利他行为划分为提供技术服务、提供信息咨询、提供在线资源、提供精神支持、提供游戏支援、提供社会救助六个维度。安晓璐（2005）认为，网络利他行为从动机考察角度来看包括主动和被动，从行为主体考察角度来看主要包括专业救助网站、各类活跃的虚拟社区、基于网页和服务器的资料共享、公共聊天室和电子邮件中偶发的对于求助的回应。郑显亮、王亚芹（2017）将大学生网络亲社会行为划分为网络支持、网络指导、网络分享和网络提醒四个维度。

2. 网络亲社会行为的维度与测量工具

网络亲社会行为测量工具比较常见的使用方法有：一是直接使用亲社会行为量表，二是对已有的亲社会行为量表进行改编并突出网络特性后直接将其用于网络亲社会行为测量，三是从已有的有关网络行为测量工具中获取有关亲社会行为测量的部分题项，对其整合后再使用。

亲社会行为的量表主要有拉什顿（Rushton）开发的自我报告利他量表，尼克尔（Nickell）编制的助人态度量表，艾森伯格（Eisenberg）提出的帮助量表。这些量表虽然在过去被广为使用，但是人们并没有对亲社会行为本身的可操作化给予足够的重视。为了解决上述亲社会行为测量中存在的问题，卡罗等人（Carlo，G.，et al.，2003）在以往理论研究的基础上明确了亲社会行为的五个类型，分别是利他的亲社会行为、依从的亲社会行为、情绪化的亲社会行为、匿名的亲社会行为，以及公开的亲社会行为。寇彧等人明确了亲社会行为倾向的六个维度，分别是利他的、情绪化的、依从的、公开的、匿名的和紧急性的亲社会行为。后来寇彧等人又发展了亲社会行为概念的因子结构，分别是利他性亲社会行为、遵规公益性亲社会行为、关系性亲社会行为、特质性亲社会行为。

有学者改编了亲社会价值观子量表的六项，以此来测量网络中的帮助行为（Wang and Wang，2008）。还有学者提出了五个等效的亲社会行为四项测量量表，该测量量表的题项涉及"说好话""提供帮助""为某人加油""让某人知道我关心他"，该量表分别针对四种不同的网络媒体类型。博赞查努等人（Bosancianu，et al.，2013）在研究线上与线下亲社会行为时，编写了一个包含 11 个题项的网络亲社会行为量表，并通过探索性因子分析将网络在线亲社会行为区分为"制度化"和"非制度化"两种类型，前者是通过维基百科、论坛、MSN 等既定的渠道进行的亲社会行为，后者则通过非制度化的网络渠道进行。姚倩在研究网络游戏内的亲社会行为时，参考了网络游戏行为，尝试编写了"游戏内亲社会行为"量表，题项涉及合作、共享、帮助、指导、情感支持、公德维护等诸多方面。

专门针对网络亲社会行为测量的研究屈指可数，其中埃吉尔斯等人（Erreygers，et al.，2018）从实施与接收两个维度建立量表，以对青少年的网络亲社会行为进行有效测量。而较为系统地研究概念结构及测量工具的是国内学者郑显亮等人，他们采用经典测量理论、概化理论等多种理论技术，开发了大学生网络利他行为量表，其中包括网络提醒、网络指导、网络支持、网络分享四个维度。

总体而言，在相关文献中，大多数研究尚且停留在对网络亲社会行为的概念及表现形式的初步描述与经验归纳上，而关于网络亲社会行为的概念维度、结构，乃至测量方法的研究屈指可数。正是由于对网络亲社会行为概念维度与测量工具研究的缺失，才导致了当前对网络亲社会行为的探究缺乏建立在实证基础上的科学研究。

1.2.2.2 影响因素的研究成果

对网络亲社会行为影响因素的探究是随着网络亲社会行为研究继续深入而开始的，也是该领域的研究重点。研究者通过理论阐释或实证研究的方式主要探讨或验证了与网络亲社会行为相关的互联网因素和用户个体因素的影响。

1. 互联网因素

由于亲社会行为受情境因素影响，因此互联网带来的互动情境的变化是研究者关注的影响网络亲社会行为的主要因素。这些因素既包括互联网的技术特征及其带来的人际交互特征，也包括互联网信息内容形式与传播特征，以及个人在线交往的规模等，如互联网的匿名性、公共性，立即接触大量受众的可能性，互联网人际交往中的社交线索、信息传播模式，个性化信息，社交媒体好友规模，线上环境的社会透明度等诸多方面。研究者多采用实证研究来验证相关因素与网络亲社会行为之间关系的假设，研究结果表明某些互联网因素能够促进网络亲社会行为的发生，对其产生积极作用，但个别线上交互特性可能会降低网络亲社会行为发生的可能性。总体而言，互联网因素对网络亲社会行为的正向影响远远超过负向影响。

福森和瓦尔肯堡（Vossen and Valkenburg，2016）认为，网络文本缺乏非言语行为线索，可能会减少移情反应，进而减少利他和情感驱动的亲社会行为。这与法特金（Fatkin）的研究结论类似。法特金（2015）在其博士论文"亲社会媒体：利用关键的社会心理学理论提高社交媒体网站上的亲社会参与度"中进行了三项研究，其中一项实验研究考察了社交媒体好友的性别、外貌、数量如何影响个人在社交媒体上的帮助行为，研究结果显示在社交媒体环境中，性别、外表和责任的扩散并不影响帮助行为。这一结论与线下情境中面对面交往时的亲社会行为不同，社交媒体亲社会行为并不易受性别和外表的影响。他认为这正是由于社交媒体中的计算机中介传播（CMC）减少了社交背景线索，缺乏丰富的信息所致，即在线照片对于性别或外表的暗示与面对面交流中的丰富度不同。法特金认为社会存在理论同样能够解释这一结果。但在社交媒体交互中，参与者缺乏用来决定是否进行帮助的可供参考的信息。

网络匿名性、能够立即接触大量受众的可能性，以及互联网平台的公共性质也会对用户在线进行亲社会行为产生影响。例如，匿名带来的网络行为的便利性可能有助于网络亲社会行为，社交媒体平台或公共论坛吸引大量受众的潜力可能会促进亲社会行为，这些亲社会行为的动机是希望获得他人的尊重和认可。多布林严（Dobin Yim）研究了 Twitter 在网络筹款活动中对慈善捐赠这一具体亲社会行为的影响，并且对社交媒体如何在网络环境中影响慈善行为进行了实证检验。研究发现，互联网信息传播模式对慈善捐赠行为存在影响，主要表现为通过大众广播模式发送的大众化内容具有负面影响，而通过窄播模式发送的个性化内容对捐赠行为具有积极影响。另外，他还注意到互联网"可观察性"带来的影响，网络环境为参与亲社会行为提供了多种机会，使个体能够不同程度地参与。例如，在线活动的可观察性使个人可以在决定参与之前观察某些亲社会行为是如何在网上完成的，这有助于他们学习如何参与网络亲社会行为。

裘德等人（Jude, et al., 2011）提出了一个社会技术框架来解释在线混音共享社区中个人的亲社会行为，以及是什么激发了这些亲社会行为。他认为，个人愿意分享他们的原创音乐以供他人重复使用应当归因于行为动力学，这主要是由影响用户交互的技术因素和社会规范所致。这里的技术动因正是社交媒体创造的"社会透明度"，也就是社交媒体能够提供个人行为的可视化并显示系统上所有用户及其活动的视图。裘德用戈夫曼的隐喻观点来解释技术动因如何作用于网络亲社会行为。如果将网络亲社会行为视作一种在线表演，那么在社会透明的在线环境中，人们可以公开观看自己的在线活动，"相互监督"效应的存在促使人们采取亲社会行动。社会表现框架表明，网络环境的社会透明度创造一个反馈循环，有助于加强和维持成员之间的亲社会行为。

互联网信息的特征体现在两个方面。一是信息的个性化。赫尔韦格（Heerwegh, 2005）进行了一项实验研究，他发现通过电子邮件向参与者发送需要对方帮助参与一项网络调查的信息，或者发送包含他们名字的个性化邮件时，参与率明显更高。同样的结果在一项专门针对社交媒体亲社会参与的研究中被证实。法特金的一项研究明确了社交媒体线上群体规模和个性化信息对Facebook中亲社会行为的影响，并发现群体规模所测量的旁观者效应影响不显著，但信息个性化却使得在线帮助行为增加了两倍以上。

二是信源可信度和信息质量对网络亲社会行为具有积极影响。薛可等人基于传播说服理论和精细加工的可能性模型，进行了一项关于自然灾害事件网络报道对大学生利他行为意愿的实验研究，结果显示，信源可信度和信息质量均对大学生网络利他行为意愿产生了促进作用。巢乃鹏（2015）发现，网络游戏内容和网络游戏情境的亲社会性对青少年游戏内互动性亲社会行为有着积极影响。

旁观者效应也是被研究者讨论的与网络亲社会行为相关的重要因素。社会心理学家观察到的"旁观者效应"是指当有帮助的机会出现时，人们对周围其他人的存在的一种反应，其他旁观者的存在对个人提供帮助的动机起到了削弱作用。斯普劳尔等人（Sproull, et al., 2013）发现，在网络环境中，旁观者效应是反向的，因为在网络世界中，其他潜在的帮助者有时是看不见的，这可能会使个人感觉到提供帮助的需要或价值更加突出。但法特金（2015）通过实验研究得到了旁观者效应并不影响线上亲社会行为的结论。

虽然法特金（2015）指出社交媒体是一种强大工具，可以用来有效地促进亲社会行为。但他也在一项焦点小组访谈中发现，社交媒体的信息过载、情绪问题、隐私问题等也成为线上参与亲社会行为的障碍。社交媒体信息过载是一个普遍现象，但人们的注意力是有限的，这就可能使得很多事情没有被注意到，从而减少亲社会行为的发生。另外，个人在社交媒体上遇到的挫折或消极情绪似乎也是帮助行为的负面影响因素。而出于对社交媒体环境中隐私的担忧，个人在发布信息时会非常谨慎，从而减少亲社会行为的可能。此外，在研究Facebook 对线上亲社会行为的影响时，有些学者发现，在社交网络上，独自交流的盛行可能会导致一种以自我为中心的倾向，从而使得亲社会行为的可能性被削弱（Chiou, W. B., et al., 2014）。

2. 用户个体因素

除互联网情境因素外，研究者还主要从个体认知、情绪、共情、动机、人格及用户互联网使用因素等方面研究用户个体对网络亲社会行为的影响。

个体认知包括作为行为主体的用户个体对在网络中参与亲社会行为的事件、能力及资源的自我评价，对行为效果的预期，以及个体对他人处境的认知和判断。在亲社会行为的发生机制中，个体认知因素起着举足轻重的作用。艾森伯格提出的亲社会行为模型标明了亲社会行为产生的三个阶段：首先是对他人需要的注意，其次是确定助人意图，最后是将意愿与行为相关联。在第一阶段，需要个人对他人的处境进行关注并做出认知判断；在第二阶段，个人一般会考虑自身能力水平并对行为结果进行预期。研究者研究了网络亲社会行为与行为者对自身能力水平认知与行为结果预期之间的关系，如研究发现了个体对自身所掌握网络技术能力、娴熟程度，自我效能感，对网络亲社会行为的积极影响（Wasko, M. L., et al., 2005）。

心理动机是网络亲社会行为发生的驱动因素。作为一种个体行为，网络亲社会行为既受外在动机的刺激，也受内在动机的驱动。切希尔和安廷（Cheshire and Antin, 2008）发现，"被告知有很大比例的用户喜欢个人的贡献"能够促进其在互联网上的贡献行为。这一研究发现暗示了人们是否决定采取网络亲社会行为可能会受作为群体认同指标的感知贡献价值的影响。一些学者研究发现，年轻人在网络游戏中的亲社会行为主要受到利他主义和互惠互利的驱动（Wang and Wang, 2008）。斯普劳尔等人（2013）调查了线上团体中的帮助行为，发现其动机主要是共情、社区兴趣、普遍互惠、个人学习回报和声誉提升。张杰、覃柯文（2017）对新媒体慈善行为的情感动力机制进行了探讨，他们认为认知移情-生理移情-文化移情的重叠构成了捐赠行为的情感唤起心理动因。

可见，不同情境下网络亲社会行为的动机不同。对于不同类型的行为主体而言，其心理动机也各不相同。阿尔弗森（Alverson, K. M., 2015）根据网络亲社会行为参与的四类用户来描述这些广泛可能的参与动机，这四类用户分别是惰性行为体、随机行为体、有意行为体和无私行为体。惰性行为体是指不参与网络亲社会行为的互联网用户；随机行为体是指参与随机的网络亲社会机会，但不主动寻求参与机会的互联网用户；有意行为体是指有意参与网络亲社会行为，并主动寻求参与机会的互联网用户；无私行为体则指为亲社会的在线行动创造机会的互联网用户。他认为声誉是有意行为体的参与动机，无私行为体的主要动机是共情，而从随机行为体转移到有意行为体的动机是由一个人在社区中的社会身份所驱动的。

不同互联网使用、社交网络自我呈现、线上参与微电影传播行为等对网络亲社会行为的影响，受到了既有研究的关注。斯普劳尔等人（2005）认为，网络搜索引擎使用可使个体在线获得提供和接受帮助的机会，从而促进帮助行为。刘勤学等人（2019）研究了社交网站自我呈现与网络利他行为之间的关系，发现两类自我呈现均能正向预测青少年网络利他行为。埃吉尔斯等人研究了社交媒体、情绪与青少年网络亲社会行为、网络反社会行为之间的复杂关系。研究发现，社交平台和视听媒体的使用与网上的亲社会行为和反社会行为的表现与接受均密切相关。青少年在娱乐或非正式交流中使用数字技术的次数越多，他们在网上的亲社会和反社会行为就越多。薛可等人（2017）以 GLM 模型为理论视角，研究了大学生公益微电影接触程度、评价水平、传播行为和参与意愿四个维度对大学生网络亲社会行为的影响，结果发现大学生公益微电影接触频率、线上参与公益微电影传播行为水平对亲社会参与有正向影响。

另外，网络社会支持也是影响网络亲社会行为的一个重要因素。虽然网络社会支持更多的是一种主观的个人认知，但是由于其产生于个体互联网使用与线上互动过程中，并且研究者在区分维度时往往也与网络使用的不同偏向相关，因此本书将其作为个体使用因素来看待。

在已有研究中，赵欢欢等人（2012）发现，网络社会支持能够完全中介特质移情与网络利他行为的关系，其中情感支持和友伴支持效果尤为突出。此外，在亲社会行为研究中被重视的个体属性性别，在网络亲社会行为研究中同样被给予了关注，但相关结论并不一致。美多维塔（Lehdonvirta，2012）研究了在线游戏环境下的求助行为，发现游戏角色的性别是目标人群寻求帮助行为的重要预测因素，与使用女性身份的玩家相比，使用男性身份的玩家获得帮助的可能性较小。法特金（2015）也发现社交媒体中的亲社会行为并没有遵循线上帮助行为的相同规则，在以往的亲社会行为研究中通常可以增加帮助行为的变量。

1.2.3　突发公共卫生事件中的亲社会行为研究

目前，专门针对突发公共卫生事件中个体亲社会行为的研究成果较少，在新冠疫情发生期间，该事件引发了研究者对此类事件中个体亲社会行为的关注。

回顾该领域的新近研究成果，几乎都与这起重大突发公共卫生事件相关。

阿尔维斯等人（Alvis, et al., 2020）研究了新冠疫情发生期间青少年亲社会行为与心理健康之间的关系，并且发现向慈善机构或有需要的人捐款是青少年面对突发卫生公共事件时亲社会行为的主要形式。研究者试图去回答在这起事件中人们为什么表现出亲社会行为，促进亲社会行为的原因有哪些等问题。

一些学者针对新冠病毒感染的现状进行一项定量研究的结果显示，更强烈地认可公平作为核心价值观和更高水平的感恩倾向都与亲社会反应和行为意图呈正相关关系，即个体公平和感恩的人格特质更具有社会适应性和亲社会性。乔丹等人（Jordan, et al., 2020）关于新冠病毒感染的研究也证明了个体处于危险境地时，其涉及预防意图的亲社会行为将更加积极，个体更愿意采取相关行动以避免病毒的传播。有研究也得到相对一致结果，即个体对于社会所处环境的认知越负面，其亲社会行为的积极性越高。艾贝尔等人（Abel, et al., 2011）基于风险感知理论讨论了新冠病毒感染风险认知与亲社会行为的关系，结果显示风险的感知程度会对人们在危机中的行为产生影响，风险认知的提高会促使个体采取积极的防御策略，如保持社交距离、戴口罩、洗手等。

此外，福尔哈特（Vollhardt, 2009）提出"因苦难而生的利他主义"观点，认为苦难可能会成为个体帮助社会其他弱势成员的动机因素，并且提出了一个由痛苦产生的利他主义模型，该模型指出非故意造成的自然灾害、疾病、亲人死亡等类型的苦难会促进个体的亲社会行为倾向，其动机包括减少自己的痛苦，减少他人的痛苦，并意识到帮助他人也意味着帮助自己。以上研究表明，个体对外部世界的自我认知会对突发公共卫生事件中的亲社会行为产生影响。

研究者还关注了信任对突发公共卫生事件中亲社会行为的影响，并且基于全球不同地理区域的具有代表性的 23 个国家（地区）大样本数据，考察了新冠疫情发生期间政府信任与亲社会行为的关系，实证分析结果证明疾病大流行期间政府的信任与个体采取亲社会行为的意愿之间存在显著的正相关关系。在此基础上，研究者构建了新冠病毒感染相关的信任结构方程模型，结果显示，公民对政府的总体信任程度越高，越会对公共福利政策表现出更多的支持，以及更愿意牺牲个体的物质利益等亲社会行为，危机背景下高信任水平会激发公民自发的社会性，即更倾向于放弃短期利益，以获取长期利益。艾贝尔（2020）则从人际信任的角度探索了新冠疫情发生期间对亲社会行为的影响，认为信任是在危机情况下个体采取亲社会行动的关键因素之一，并且这种信任受私人榜样行为的影响，形成危机条件下的"战略合作者"，更愿意为公共利益做出让步。

另外，由于突发公共卫生事件中的亲社会行为研究近年来才受到研究者的关注，而其他突发事件，诸如地震、飓风等自然灾害中的亲社会行为在影响因素上与之具有一定的相似性，因此本书也对这部分文献进行了回顾，以更深入地了解突发状况中亲社会行为产生的原因。罗德里格斯（H Rodríguez, et al., 2006）在对卡特里娜飓风灾害亲社会行为的研究中发现，许多市民对受害者自愿提供资金、物资支持，以帮助他们渡过难关，并且市民自发组织成非正式团体协助政府进行灾后救援工作。福尔哈特（2011）在对自然灾害的亲社会行为研究中发现，亲社会行为主要表现为长期的志愿服务和灾害援助两种类型。有学者在研究台风灾害时发现，个体出于调节灾后情绪会积极地进行亲社会行为参与，个体能在亲社会行为中体验更多的爱和关怀，以减少恐惧和悲伤的情绪。

1.2.4　突发公共卫生事件线上亲社会参与行为研究

突发公共卫生事件由于具有突发性、未知性、传染性等特点，以及对人体存在健康损害的潜在风险，往往容易引起社会群体的大面积恐慌，因此社交媒体可借助自身即时性、便携性、公共性的特点，将自己打造成为个体、媒体、政府等进行信息沟通、社会组织救援等亲社会行为参与的重要平台。但目前有关用户突发公共卫生事件在线参与亲社会行为的研究却十分有限。

阿齐赞等人（Azizan, et al., 2020）针对马来西亚新冠病毒感染（Facebook帖子中）积极话语进行分析，结果显示积极的话语内容对新冠病毒感染的负面信息存在缓冲作用，对用户具有积极的暗示作用，促进用户亲社会行为的产生。

另外，有研究者发现，社交媒体平台的信息过载问题是影响突发公共卫生事件时期用户亲社会行为的重要因素，长期沉浸在与突发公共卫生事件相关的信息环境中会出现同情疲劳现象，会减少其亲社会倾向。

在个体因素方面，研究者认为用户情绪也是影响其社交媒体平台进行亲社会行为的因素之一。新冠疫情发生期间，研究者对通过谷歌表单（google forms）收集的数据进行定量分析发现，当用户处于孤立状态时容易陷入焦虑情绪，这种不安定的情绪会促使用户更加积极地帮助他人。另外，研究者还通过构建新冠病毒感染信息共享行为动机的模型进一步发现，用户在突发公共卫生事件期间更愿意克服信息共享所带来的负面效应，更愿意通过分享与流行病有关的信息来回报社会。索尔尼克等人（Solnick, et al., 2020）通过对一条模拟Twitter 消息进行严格的随机实验，发现医生比政府公务人员更能唤起用户在新冠疫情发生期间保持社交距离等亲社会行为倾向，社交媒体平台为医生提供了一个机会，使医生群体能够更广泛接触到群众，更直接地"面对"用户提供有效信息及行为建议。

在与突发公共卫生事件所面临的危机情境具有一定相似性的其他突发事件中，研究者指出了社交媒体对线上亲社会参与行为的促进作用。例如，海地遭遇地震时，一条 Facebook 警报在 48 小时内筹集了近 300 万美元，一条Twitter 在 24 小时内筹集了 100 万美元。在线捐赠物资方面，一项关于 Twitter和 Facebook 数据的研究显示，面临突发灾害事件时，Twitter 通过在线平台能够实时进行物资筹措和救济品的分发。在线上组织救援方面，有些学者研究发现，社交媒体的信息分享能够加快医疗队、救援队等组织援助速度。谢利等人（Shelley, et al., 2018）对 2016 年加拿大与火灾相关的 Twitter 文本内容进行分析，发现社交媒体的信息传播机制能够帮助识别更多的受害者，推动 Twitter 平台形成"关怀精神"，促进志愿者活动、资金捐款等慈善响应的意愿，并且通过在个人主页上发布捐赠信息，一定意义上也规范了平台捐款的机制。以上研究表明，突发事件中的线上亲社会参与行为能有效进行，很大程度上得益于社交媒体的功能及其提供的参与环境。

1.2.5　文献述评

亲社会行为的研究由来已久，进化心理学、社会心理学、社会学的研究者根据不同的理论解释了人们为何参与亲社会行为。互联网环境中的亲社会行为已取得的研究成果对于本研究的启发在于，首先，线上环境中的亲社会行为同样包含着复杂的结构与多维度，并不仅仅是一种单一的行为类型，它在不同情境之中有不同表现。其次，其影响因素较多，既涉及互联网因素，也涉及个体认知与行为因素。针对社交媒体用户在突发公共卫生事件中的亲社会参与，研究者较为关注线上为他人提供的情感支持，诸如传播内容、用户情绪、信息过载都是引起用户乐于在突发公共卫生事件中参与亲社会行为的原因。相关研究成为本书的研究基础并对后续研究具有较大的启发，但是其中也存在一些局限性。

经典理论较难解释社交媒体线上情境的影响。在理论基础方面，虽然经典理论对亲社会行为进行了全面的解释，但就处于互联网环境中的网络亲社会行为而言，不考虑网络环境因素转而直接使用过去亲社会行为的相关理论来进行解释是不准确的。而目前并没有充足的理论研究能够很好地解释社交媒体线上亲社会行为的行为机理，特别是线上情境为突发公共卫生事件这一具体现实情境下的用户亲社会参与带来了何种可能，这些可能性又是如何影响用户亲社会参与行为的。

互联网技术环境与个体内在因素相互独立。针对互联网环境的亲社会行为，研究者围绕互联网因素可能产生的影响进行了初步探索，但较多地立足于技术决定论的视角将互联网的技术特征视为一种刺激，从而通过实验研究的方法探究互联网技术因素对具体网络亲社会行为的影响。有关突发公共卫生事件在线参与亲社会行为的研究，学者要么关注信息内容所带来的影响，要么关注用户在突发公共卫生事件中的情绪等因素对亲社会行为的促进作用。然而，亲社会行为处于特定的环境中，如果不考虑社会和环境背景来进行解释是不准确的，但如果仅考虑社会因素又会陷入建构论的偏狭。

因此，针对突发公共卫生事件中用户亲社会参与行为，我们不仅要考虑互联网技术所发挥的作用，而且要注意在参与互联网互动时所产生的影响，而这一理论思路已有研究很少涉及。

虽然关注影响因素，但未研究其作用机理。有关网络亲社会行为影响因素的研究往往针对一种具体的网络亲社会行为类型，如帮助行为、线上资源分享行为等，没有系统地解释线上亲社会行为机理。而突发紧急状况下的用户在线参与的亲社会行为与一般情况下的网络亲社会行为有不同的表现。但我们进行文献回顾时发现，突发公共卫生事件中的用户亲社会参与行为相关研究成果十分有限。仅有的少量文献中，研究者尝试回答了社交媒体用户在线提供情感支持等亲社会行为的原因有哪些，却没有解释相关因素是如何共同作用，从而促进用户亲社会参与的。

尚无明确的内涵维度与成熟的测量工具。在概念结构方面，当前网络环境中的亲社会行为缺乏一个能够被广泛认可的内涵维度。由于网络亲社会行为具有与线下亲社会行为不同的表征，因此无法直接套用过去关于亲社会行为结构维度的研究结论。而针对突发公共卫生事件中用户亲社会参与的研究只是零星地探讨了在线为他人提供情感支持的亲社会行为类型，并没有对突发公共卫生事件中的用户亲社会参与展开系统的研究，因而没有从整体上探讨其行为表现与内涵维度的研究成果可供借鉴。

在测量方法方面，研究者对互联网环境中的亲社会行为的测量主要借助的是亲社会行为量表和网络利他行为量表。仅有少许研究专门开发了网络亲社会行为量表，但是在量表维度的设计上要么不区分维度，要么简单地区分为制度化与非制度化、接受与实施。这就使得已有研究从概念结构维度及测量方法上都不能为本书研究突发公共卫生事件社交媒体用户亲社会参与行为机制提供可以直接参考的理论和测量工具。

1.3 研究问题的提出

社交媒体用户热衷于在突发公共卫生事件中进行在线参与，而亲社会行为又是在线参与行为中广泛存在且具有重要社会价值的行为类型，但相关研究直至目前并未系统地关注这一领域。突发公共卫生事件中用户参与的亲社会行为有哪些，实践形态如何，用户为何参与？这些仍是学者们亟待关注的实质性问题。

针对亲社会行为的发生，进化心理学、社会学、社会心理学等诸多学科都进行了积极的思考。进化心理学通常根据自然选择原理和基因进化传递来解释它发生的原因（Berent，et al.，2002），并且认为亲缘选择和互惠是亲社会行为的主要缘由。社会交换理论假设人与人之间的交往受"社会经济学"的指引，主张亲社会行为是可以通过个人对成本与收益的权衡来预测的。社会学习理论则认为亲社会行为是习得的，可以是强化的结果，也可以是观察学习的结果（Bandura，1977）。

然而在社交媒体的线上环境中，用户以在线参与的方式进行的亲社会行为实际上是一种社交媒体中介的用户行为，而非面对面的行为。斯普劳尔认为互联网亲社会性很大程度上可以归因于技术和网络环境，因为通过在线社交网络使人们有了更多可见的机会，可以更容易在网络社区中提供帮助、做出贡献、与他人分享等。法特金指出，社交媒体是一种强大的工具，可以有效促进亲社会行为。在突发公共卫生事件中，研究者认为社交媒体为医生等用户群体的线上参与亲社会行为提供了机会。在他们看来，社交媒体有别于线下环境，为用户在线参与亲社会行为提供了可能，并从技术上促进了亲社会行为在线发生。那么，在突发公共卫生事件中，社交媒体是如何为普通用户亲社会参与提供机会，从而促进这种积极的参与行为的？

突发公共卫生事件中的亲社会行为研究发现，基于苦难的利他，以及个体对事件的认知等也对该情境下的亲社会行为产生影响。如果仅仅考察社交媒体线上情境是如何为行为提供可能的，就会忽略亲社会行为的个体心理动力，而亲社会行为本身又是一种典型的受个体心理动机所驱动的行为。因此，在突发公共卫生事件这一特定的社会情境之中，社交媒体因素可能与哪些个体的内在因素相关联，它们是否共同影响了用户亲社会参与行为，以及是如何共同影响的？当前需要通过一项专门的研究来回答这些问题。

当然，在解决上述问题之前，弄清突发公共卫生事件中社交媒体用户亲社会参与的实践形态，以及具体参与行为，也是研究要务。因为它还关系到我们如何从概念上去认识、理解，以及测度突发公共卫生事件中的亲社会参与。

综上，本书提出如下具体研究问题。

（1）突发公共卫生事件中社交媒体用户亲社会参与行为表现有哪些，其实践形态如何？作为一个概念，亲社会参与的内涵及构成维度如何？

（2）在突发公共卫生事件中，社交媒体是如何为用户亲社会参与提供机会从而促进这种积极的参与行为的？在其促进过程中，社交媒体又与哪些个体心理因素相关联？它们对用户亲社会参与行为的相互作用机制如何？

1.4　理论基础

根据研究问题，本书既要考虑社交媒体技术和环境为用户亲社会参与行为提供的机会，又要考虑个体因素。在这方面可供性理论无疑是一个可以将技术与人的关系整合起来共同考虑的理论视角。它能够指导我们去思考社交媒体线上环境为突发公共卫生事件中用户亲社会参与提供了何种可能。与此同时，为了解释亲社会参与行为过程中个体心理因素所带来的影响，本书还引入了自我决定论，以考察亲社会参与的心理动因。因此，本书立足于社交媒体可供性去探究突发公共卫生事件中社交媒体用户亲社会参与行为机制，同时融合自我决定论框架，共同解释这种发生在社交媒体线上空间的行为。

1.4.1　可供性理论

可供性理论为我们提供了一种理解人们如何与技术互动的关系视角，一定程度上克服了技术决定论及建构理论技术观的局限，为"技术因素与社会因素谁是主"的对立分化提供了一个中间地带（Wang，et al.，2018），因而在信息系统、组织研究、电子商务等领域被广为应用。作为一种具有整合性的研究视角，可供性理论可以将对技术使用的观察与我们对技术在个人、群体和组织层次的广泛理解联系起来（Evans，et al.，2017），所以也吸引了传播学研究者的关注，特别是在与社交媒体相关的研究之中已经成为一个备受关注的理论解释框架。

可供性的概念起源于生态心理学，吉布森（Gibson，1977）用它来描述有机体在环境中所感知的"行动机会"，如农民所感知到的山丘为他提供的放牧机会。吉布森认为，有机体感知物体所提供的用途即对物体效用的感知，也就是物体能"承担"的使用方式为可供性，它表达的是环境与有机体之间的协调关系，而非物质是什么。而后，可供性被认知心理学家诺尔曼（Norman，1999）引入设计领域，他将可供性定义为对象的感知和实际属性，这些属性决定了它们如何被使用。

当可供性概念受到更普遍的关注后，研究者们从不同的学科背景出发，以不同的方式来认识它，并展示了丰富的学术话语。在信息系统领域，学者们较多地将可供性应用于探讨信息技术对个体行动者而言所能"承受"的行动可能性。法拉和阿扎德（Faraj and Azad，2012）认为，可供性是指参与重点技术的参与者所产生的行动可能性和机会，并将其描述为采取行动的可能性，是对象 / 技术与用户之间的多方面关系结构。这种多方面关系结构包括技术的物质特征、使用技术的人，以及使用环境之间的相互关系。哈钦伯（Hutchby，2001）指出，可供性指的是功能性和关系性方面，它框定而不决定一个对象行动的可能性。他分析了电话技术创造的传播实践和人的身份标识之间的关系，这是关于传播可供性较早的研究。

可供性理论对传播研究的吸引力在于，它表明了物质或建构理论的观点都不足以解释技术的使用，并且提倡关注人与技术之间发生的关系。施洛克进一步研究了传播可供性的内涵，并将其定义为主体对技术（物）效用的感知，以及改变传播实践或习惯的技术属性之间的相互作用，强调的是主体对技术（物）的创造性运用。赖斯等人（Rice，et al.，2017）探讨了媒介可供性，并将其定义为在特定背景下，行动者所感知到的能够使用媒介进行与其需求或目标有关行动的潜能与媒介潜在特性、能力和约束范围之间的关系。

根据对可供性的理论梳理，笔者认为可供性考察的是"对个人而言，外在技术或物质能为自己的某种行为提供什么"的问题。因而，可供性既源于个人对外在技术或物质特性的认知，也源于个人对某种具体行为的认知，二者共同构成了可供性。可见，可供性并非等同于技术能力，技术能力并不可变，但可供性因人而异，这是由于可供性与个人行为目标相关，相同的技术能力可能为不同目标的个人提供不同的能力。

对社交媒体研究者而言，可供性的理论视角能够帮助研究者超越单独的技术或社会动因，从而更好地理解社交媒体为何及如何能够触发一种特定的用户行为，或对个人而言，社交媒体如何为个人的某种行为创造条件。

社交媒体为个人的线上交互行为提供可能性，但由于这种可能性具有不同属性，研究者也试图对其进行不同的维度划分，以揭示其内在结构。特里姆和伦纳迪（Treem and Leonardi，2013）提出了社交媒体可供性包括可联系性、可编辑性、可视性、可持续性。迈赫扎克和法拉（Majchrzak and Faraj，2013）从公共对话的视角来认识社交平台的知识共享，并在特里姆等人的基础上提出了影响员工参与在线知识共享的四种可供性维度，包括元声音、触发参与的可供性、网络信息连接的可供性、生成角色任务的可供性。

卡比度等人（Cabiddu，et al.，2014）在研究与旅游相关的社交媒体参与度时，通过探索性分析得出了三种独特的社交媒体对用户参与的可供性：持续参与、定制参与和触发参与。潘忠党和刘于思（2017）在讨论新媒体的界定标准时将可供性引介到了国内传播学界，并以其作为区分不同新媒体的标准。他认为，新媒体的可供性可以分为信息生产的可供性、社交可供性和移动可供性三种维度，总共包含 13 项具体内容，如可编辑、可致意、可携带等。虽然不同研究者针对社交媒体的可供性做出了不同的属性划分，但可以明确的是，通过将人类行为和技术能力之间的勾连作为分析单元，可供性视角为研究社交媒体对个体行为的影响提供了一种新的路径。而可供性包含不同属性则表明在一个具体的情境中，通过不同的方式可以影响用户为实现目标而采取的行为。

社交媒体为用户在线参与提供了丰富的机会。作为一种积极、友好的用户在线参与，亲社会参与是用户通过社交媒体参与亲社会行为的过程。它同样建立在人机交互之上，本质上是一种人机交互行为，因此要系统地探讨亲社会参与，应该同时考虑用户个体与社交媒体技术之间的相互关系，而不是单独分析其中的任何一方面。可供性理论能够启发我们从一个整合的、关系的视角去综合考虑社交媒体技术特征及用户感知对行为目标所提供的能力。正如该领域的研究者所强调，可供性的理论视角迫使研究者考虑在特定环境中采取的行动与技术能力之间的共生关系。

1.4.2　自我决定理论

自我决定理论源于 20 世纪 80 年代，由德西和瑞安（Deci and Ryan，2000）创立，是人类自我决定行为的动机过程理论。德西和瑞安认为个人行为是个人在充分知悉环境信息与自身需求之后对自身行为做出的自主性选择。一直以来，自我决定理论都处于动态发展之中，经过 40 年的发展已形成成熟的研究体系。目前，该理论包括多个分支，涉及认知评价理论、基本需求理论等。认知评价理论是德西和瑞安最早提出的相对全面的理论思想，它以个体兴趣为出发点，主要探讨的是外在动机对人们内在动机的影响。基本需求理论关注的是个体基本心理需求与行为的关系，其中包括自主需求、胜任感需求、归属需求等基本心理需求。

在过去有关人类行为的研究中，自我决定理论被广泛用于解释个体行为的心理机制研究。随着互联网的不断发展，网络空间成为个体行为的重要场域，因而研究者也开始运用自我决定理论来研究不同动机对互联网用户行为的影响。例如，有研究者将自我决定理论用于解释公众的网络政治参与、网络社区知识分享行为，还有学者从自我决定论视角研究社交媒体提供的详细知识共享行为与不同用户自我决定因素之间的关系。此外，由于亲社会行为往往具有不同的行为动机，因此在亲社会行为的研究中，自我决定理论也得到了运用，如有研究者从基本心理需求的视角研究了视频游戏对儿童亲社会行为的影响机制。

对于本研究而言，自我决定理论能够指引我们在思考社交媒体为突发公共卫生事件中用户亲社会参与行为提供了何种机会的同时，进一步挖掘了用户是如何最终决定进行亲社会参与的，即突发公共卫生事件中用户亲社会参与的内在心理动因是什么？在此基础上回应本书所提出的研究问题。

因此，本书以传播学的学术视野为出发点，系统地考察了用户在突发公共卫生事件中亲社会参与行为，并试图从可供性理论视角解释突发公共卫生事件这一具体情境中用户亲社会参与行为机制，同时结合自我决定理论，以打开社交媒体、用户心理动因、亲社会参与三者之间的"黑匣子"。

1.5 研究价值

1.5.1 理论价值

首先，本研究以可供性为理论视角，结合社会心理学的学术路径来探讨突发公共卫生事件中社交媒体用户的亲社会参与行为机制，进而发展出一个理论模型来解释这种积极的线上参与行为。该研究具有较大的理论价值。

其次，本研究从可供性理论出发，探讨了突发公共卫生事件中社交用户的亲社会参与行为，这在一定程度上打破了技术决定论及建构理论技术观的局限，从而使我们以一个整合关系的视角综合考虑社交媒体因素及用户内在心理对亲社会参与行为的影响。本研究作为可供性理论研究的一次应用与拓展，有助于丰富该理论领域的研究成果，从而为后续研究（如进一步阐释社交媒体是如何塑造用户行为的）提供了新的视角。

再次，本研究丰富了积极网络行为的理论成果。突发公共卫生事件中社交媒体用户亲社会参与行为实际上是一种特殊情境下的网络亲社会行为，同时也是一种积极的网络行为。相比网络欺凌、网络谣言等消极网络行为，目前社会学、心理学、社会心理学、传播学等领域对积极网络行为的关注较少。

最后，本研究以突发公共卫生事件中社交媒体用户亲社会参与作为研究主题，其理论价值一方面在于能够探索用户亲社会参与维度，完善亲社会参与的测量工具；另一方面通过构建突发公共卫生事件情境下用户亲社会参与行为机制模型，以量化研究的方式进行验证，研究结果能够揭示突发公共卫生事件中社交媒体用户亲社会参与行为机制的内在逻辑。

1.5.2　实践价值

突发公共卫生事件是当前人类命运共同体面临的共同威胁，也是我国在社会转型期主要的社会风险来源。如何预防突发公共卫生事件的发生及开展行之有效的应急管理，是全世界必须面对的迫切议题。促进社会公众的亲社会参与，通过个体与群体的亲社会行为实现正能量传递，进而引导社会力量"守望相助""众志成城"，无疑是事件发生后应急管理与社会重建的一种有效路径。

亲社会行为本身具有积极的社会意义，在互联网飞速发展的背景下，网络亲社会行为在个人、人际关系、社会领域都产生积极的影响。特别是，当社交媒体蓬勃发展并成为人们在突发公共卫生事件中主要的社会交往与网络参与平台时，研究突发公共卫生事件中用户是如何通过社交媒体参与亲社会行为的就极具现实价值。它关系到我们如何发展出更好的策略以促进社会公众的积极参与，从而引导社会力量在突发公共卫生事件中发挥正能量效能。

本研究关注突发公共卫生事件中社交媒体用户的亲社会参与行为，通过了解突发公共卫生事件这一特殊情境下用户亲社会参与的行为结构、维度及现状，掌握社交媒体对用户亲社会参与带来的影响及其作用机制，这无疑为今后如何通过社交媒体培养和促进用户亲社会参与、发挥网络参与的积极作用带来了一定的启示。本书的研究成果可以为应急管理部门、网信部门了解社交媒体用户突发公共卫生事件中用户亲社会参与行为现实状况与作用机制，进而运用社交媒体发展出更加合理有效的政策和行动机制，来培育及引导良好的网络亲社会行为提供参考。

1.6　研究内容与方法

1.6.1　研究内容

本书主要研究的是突发公共卫生事件中社交媒体用户亲社会参与行为机制，在具体章节的设定上，我们紧扣研究问题进行研究框架及主要研究内容的设计。

第 1 章主要从现实背景与理论背景两方面阐述本研究的缘起；阐释本研究的理论价值与实践意义；界定相关的核心概念；对本研究所涉及的亲社会行为的经典理论解释、互联网环境中的亲社会行为、突发公共卫生事件中的亲社会行为、突发公共卫生事件用户线上亲社会参与行为等研究领域进行文献回顾，以掌握当前研究现状；对支撑文本得以顺利进行的理论基础进行综述和分析，并提出本书的研究框架。

第 2 章基于行为表现的概念研究思路，通过网络文本采集与内容分析法，从具体用户行为表现的视角来呈现突发公共卫生事件中用户亲社会参与的行为类型，并在此基础上形成亲社会参与的类别和维度；采取量化的方式，进一步探索其构成维度，通过问卷调查、探索性因子分析、验证性因子分析来验证突发公共卫生事件中亲社会参与的结构，并为之提供可供后续研究应用的有效测量工具。

第 3 章涉及在突发公共卫生事件中用户亲社会参与行为何发生？具体情境下社交媒体的可供性是什么？特别是，由于个体行为是由诸多前因共同驱动的，其中包含复杂的心理动机，那么社交媒体与亲社会参与之间还有哪些主要的心理因素存在？相互之间作用机理如何？由于本研究探讨的问题尚属一个崭新的领域，目前并不能依靠某一个单独的成熟理论对其进行解释。因此，本章采取扎根理论的方法来对从深度访谈中获取的文本数据进行程序化研究。首先，阐述研究方法的适用性及具体的研究设计。其次，在保证信度与效度的前提下对通过深度访谈获得的质性资料进三级编码，获得相关因素之间的关系结构。最后，在质性资料分析的基础上构建行为机理初步理论框架，并阐释其中的影响因素及其维度。

第 4 章通过融合扎根理论所得到的理论框架与行为研究的经典理论，提出了突发公共卫生事件中用户亲社会参与行为机制的理论模型，并基于相关理论、深度访谈获得的数据资料和已有文献资料来推导有关变量之间的关系的假设。

第 5 章通过数据统计分析回答了用户突发公共卫生事件中亲社会参与行为机制如何，各因素之间的具体关系如何，哪些因素所起的作用更大等问题。因此，本章首先根据研究假设，确定各变量的测量工具、数据调查的方法和实施环节，并完成数据收集；其次通过统计分析进行假设检验，主要研究内容涉及测量量表的信度与效度检验，直接作用关系假设检验，中介作用关系检验分析；最后则对实证研究的结果进行深入讨论和解释。

第 6 章对前述研究结论进行总结，并且在研究结论的基础上思考如何应用社交媒体提升用户突发公共卫生事件中亲社会参与度？因此，我们首先阐释了突发公共卫生事件中社交媒体用户亲社会参与的主要路径，揭示了在可供性视角下突发公共卫生事件中用户亲社会参与的行为机制；其次根据结论思考促进突发公共卫生事件中社交媒体用户亲社会参与的路径对策；最后指出研究的局限性及未来研究的方向。

1.6.2　研究方法与技术路线

1.6.2.1　研究方法

1. 网络文本分析法

基于以网络文本数据来反映用户在线行为的思路，本书为了揭示突发公共卫生事件中社交媒体用户亲社会参与的具体行为及其维度问题，运用网络文本分析法和 Python 开源工具，对研究案例中涉及的数据进行文本采集，为后续内容分析提供依据。

2. 内容分析法

内容分析法是传播学中一种传统且被广泛应用的研究方法。本研究采用内容分析法对社交媒体用户在线产生的文本数据进行分析，并且通过建构类目、编码等展开研究，旨在反映突发公共卫生事件中用户亲社会参与行为的类型及维度，以及各维度的实际情况。

3. 扎根理论法

扎根理论法既是一种方法论，又是一种研究方法，主要针对某一现象采用系统化的分析程序来发展理论。具体做法是通过对经验资料进行归纳、编码和比较分析来构建理论。这种系统、严谨地从原始资料中归纳、建构理论的方法与程序使研究者能够通过对经验数据的实证分析建构出新的理论，因此它能够有效连接实证研究与理论建构之间的鸿沟。本书采用扎根理论法对一手资料进行分析，试图探求并回答突发公共卫生事件中影响社交媒体用户亲社会参与的各类因素及相互作用机理是什么的问题。

4. 深度访谈法

本书通过深度访谈法为扎根理论研究提供数据支持。作为一种常见的质性数据的搜集方法，深度访谈法能够通过深入采访来了解被研究对象对研究内容的认知、态度及行为方式。深度访谈能够以研究对象为核心，帮助研究者了解社交媒体用户这类研究对象在具体事件中是如何进行亲社会参与的，以及参与行为背后的心理动因等问题。

5. 问卷调查法

本书第 2 章通过问卷调查法来获取针对社交媒体用户行为的调查数据，旨在以量化的手段通过统计分析来探索与验证突发公共卫生事件中用户亲社会参与的维度，确定所开发的量表的信度与效度等。第 5 章针对行为机制研究模型进行问卷调查，以获取后续进行验证性研究所需要的数据。

1.6.2.2　研究框架与技术路线

围绕研究目的、研究问题及研究方法，本书设计的研究框架及路线如图 1-1 所示。

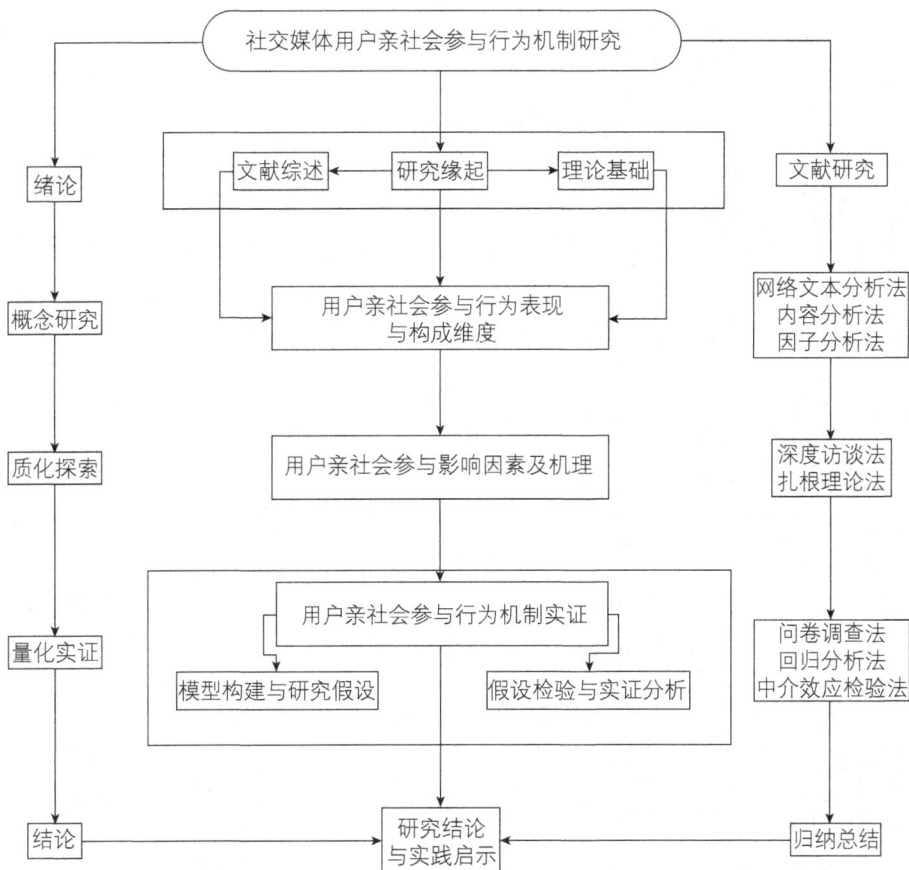

图 1-1　研究框架及路线示意图

第 2 章

用户亲社会参与行为表现与构成维度

明确研究对象、界定核心概念并将其操作化是科学研究首先要解决的问题。首先，本章基于文献资料对亲社会参与进行界定。其次，通过抓取社交媒体数据，采用内容分析法，以呈现突发公共卫生事件中社交媒体用户亲社会参与的行为表现，从行为表现视角来解构亲社会参与这一概念，从而反映其构成维度。最后，通过实证研究对概念内涵维度进行因子探索与验证，并在此基础上形成专门针对突发公共卫生事件的亲社会参与测量工具，以供本书后续章节研究使用。

2.1　亲社会参与的含义

亲社会参与既包含亲社会行为、网络亲社会行为的概念特征，也包含网络参与的内涵，因此要界定这一概念必须从厘清亲社会行为、网络参与这两个概念入手。

1. 亲社会行为

艾森伯格和维迪奥（Eisenberg and Dovidio）直接从亲社会行为的目标与宗旨出发，将亲社会行为描述为旨在造福他人或促进与他人和谐关系的自愿行为，包括安慰、帮助和分享。卡普拉拉和斯特卡（Caprara and Steca，2007）指出，亲社会行为是指个体为了造福他人而采取的行动，如分享、捐赠、关怀、安慰和帮助。在朱智贤（1989）主编的《心理学大辞典》中，亲社会行为被定义为"人们在社会交往中所表现出来的谦让、帮助、合作、共享等有利于他人和社会的行为"。

值得注意的是，与亲社会行为的概念相似的还有利他行为、助人行为，这三者经常被研究者混用，但事实上它们之间存在一定区别。施罗德（Schroeder，1995）认为，帮助行为是指个人以任何形式向他人提供帮助，以改善他人的福祉的行为。鲁滨逊和柯里（Robinson and Curry，2005）将利他主义行为描述为最纯粹的关心、无私和不依赖报酬的行为形式。利他行为是真正无私的行为，施罗德认为亲社会行为包括帮助行为和利他行为。

事实上，亲社会行为是一个更为广泛的概念，它从行为形式上包含了帮助行为，从行为动机上包含了利他行为。一方面，亲社会行为中除帮助行为外，还包含诸如艾森伯格等提及的安慰、分享等行为。另一方面，从以上行为的动机出发，既要考虑纯粹、无私和不依赖报酬的行为形式，即利他行为，也要考虑自我内在动机，如为了实现心理满足感、成就感等而产生的行为。按照鲁滨逊等人对利他行为的界定，这样的行为虽然利他，但有可能其初衷是为了满足个体需求，因此用亲社会行为来界定利他行为更为恰当。

网络亲社会行为是互联网线上环境中的亲社会行为。数字技术为社会行为创造了新的机会，使得亲社会行为可以在线进行，也使得网络亲社会行为开始进入学术界的研究视野。研究者一般直接沿用亲社会行为的概念来界定网络亲社会行为，同时指出网络的特性。艾森伯格等人（2018）认为，在线亲社会行为可以定义为在网络环境中进行的旨在使特定人受益或促进与他人的和谐关系。

2. 网络参与

网络参与并非一个确定的概念。由于所涉猎的研究领域具有不同的特征，研究者在界定概念时往往根据自己的学科背景与研究领域而各有侧重。综合这些概念来看，社交媒体中的网络参与从性质上涉及两个方面。一方面是个人领域的参与行为，包括用户个体在诸如微博、微信朋友圈及其他社交媒体平台上参与的社会交往、自我呈现、信息搜寻等行为，这类网络参与行为聚焦于社交媒体的个人使用层面或社会交往层面，侧重于用户个人与媒体或其他用户之间的交互。例如，卡恩（Khan，2017）认为，网络参与是指用户与媒体持续交互的行为。

　　另一方面则侧重于参与的公共性，主要指用户通过社交媒体参与社会公共事务，包括政治参与、公共议题参与等，同时对概念的使用较为多样化，主要集中在"网络公共参与""网络公民参与""网络公众参与"。例如，杨成虎（2010）认为，网络公众参与即公众以互联网为媒介，通过在线获取或发布信息，进行网上评论、网上讨论等活动，试图影响公共事务和政府政策的行为。有些学者提出网络公众参与泛指个体或群体使用社交媒体参与社会管理和公共服务的一切行为，具体行为包括在网站上发布信息、参与网络讨论等。国外学者比较一致地将网络参与划分为两类：一类是网络表达，如在线以发布、转发、评论的方式发表个人感想、记录生活日常、表达对公共事件的观点与态度，发布与公共事件或议题相关的信息等；另一类是网络行动，如在网络平台上积极参与公共事件，如参与并组织讨论、发起主题活动等。

　　本书所指的参与主要是后者，即与公共事务相关的用户参与活动。结合对上述相关概念的梳理，笔者认为亲社会参与是指社交媒体个人用户在公共事务中，通过发布、转发、评论、互动等多种方式在线参与的旨在使他人乃至整个群体获益的友好积极行为。与之明显相对的是反社会参与，诸如在涉及公共事务的话题中，在社交媒体上通过各类互动方式而进行的网络谩骂、网络攻击、网络传谣等，这类网络行为与"亲社会"的积极性形成鲜明对比，极具消极特征。

　　由于本书主要探讨的是突发公共卫生事件中的用户亲社会参与，因而须将亲社会参与放置于突发公共卫生事件这一特殊的情境之下来考察。我们进一步将用户亲社会参与界定为，在突发公共卫生事件发生时，社交媒体用户通过发布、转发、评论、互动及微捐款等方式参与的与突发公共卫生事件相关并旨在使他人或群体受益的积极、友好行为。

　　虽然本书根据文献对相关概念进行了界定，但是由于突发公共卫生事件的特殊性，以及亲社会行为内涵的广泛性，使得本书较难通过文献回顾来对核心概念进行操作化。例如，由于亲社会行为在不同的情境中有不同的表现，那么在突发公共卫生事件这一特定的现实情境中，用户亲社会参与行为涉及哪些类型，其行为表现如何？这可能同非突发公共卫生事件情境下的亲社会行为有所不同。同时，由于社交媒体对用户行为模式的影响使得线上的亲社会参与行为表现不可能完全等同于现实世界中的亲社会行为。也就是说，从理论上来讲，并非所有类型的亲社会行为都会在突发的公共卫生事件中影响社交媒体用户，具体主要体现在哪些方面，还需要根据实际案例和一手数据进行深入分析。这也是我们进一步明确概念内涵并将其操作化的关键所在。

2.2 突发公共卫生事件中亲社会参与的行为表现

无论是亲社会行为还是网络参与行为的现有研究，均主要从行为表现视角来解构相关概念，从而构造概念维度，进而对行为进行有效测量，这也是所有行为研究的主流研究路径。因此，本研究遵循这一路径，试图对突发公共卫生事件中社交媒体用户亲社会参与的具体行为表现进行解构；从行为表现与结构的视角探究突发公共卫生事件中用户亲社会参与的构成维度；通过对社交媒体一手数据中呈现的用户亲社会参与行为进行识别、编码、提取主题，在此基础上凝练行为的类目，力求展现突发公共卫生事件中社交媒体用户亲社会参与的行为表现与构成。

2.2.1 研究方法与数据来源

2.2.1.1 内容分析的适用性

对于社交媒体用户的参与行为及其结构的研究，传统的研究方法有访谈法、问卷调查法、参与式观察法等，其中以访谈法和问卷调查法为主。由于用户在社交媒体中的行为往往能以网络文本数据的形式得以记录并反映出来，因而，近来有越来越多的研究者使用在线数据来研究用户行为，通过对网络文本数据进行采集，并采取内容分析、主题建模等方法进行数据分析，以此来考察互联网用户行为。

鉴于本书所探讨的亲社会参与本身属于抽样层次较高的概念，同时亲社会参与行为的内涵十分丰富，个体对亲社会行为概念原型的理解有所不同，因而以研究者为导向的问卷调查法在该问题研究的适用性上存在一定弱势，如果采取访谈法来了解突发公共卫生事件中社交媒体用户在线上主要参与了哪些亲社会行为，那么可能由于被访者对亲社会行为概念原型的主观认同不同而产生研究偏差。因此，本书选择内容分析法对社交媒体用户在线上产生的文本数据进行分析，以反映用户行为。内容分析法是一种量化分析与质化分析相结合的社会科学研究方法，是新闻传播学中的主要研究方法之一（李明，2013）。

2.2.1.2　研究案例

在新冠疫情发生期间，社交媒体用户普遍通过各类线上社交平台参与事件讨论，以获取社会支持。在我国，社交媒体在一段时间几乎成为公众人际交往、社会参与及寻求社会支持的最主要的渠道。正是由于社交媒体用户在该事件中的参与度空前，因而分析新冠病毒感染疫情事件中的社交媒体亲社会参与能够反映并涵盖突发公共卫生事件中用户亲社会参与行为的主要类型。

2.2.1.3　研究平台

微博是典型的社交应用平台，是用户在线创作、分享和发现内容的领先社交媒体平台。新浪网发布的 2020 年第一季度财报显示，2020 年 3 月微博月活跃用户数为 5.50 亿，较 2019 年同期净增约 8 500 万。微博不但可以反映社交媒体的典型属性和特征，其中也集聚了大量的亲社会参与行为，如当前微博已经成为公益捐助的重要来源。2020 年 6 月 CNNIC 发布的第 45 次《中国互联网络发展状况统计报告》显示，在新冠肺炎疫情中，上亿用户通过微博关注最新疫情、获取防治服务、参与公益捐助。截至 2020 年 2 月 4 日，微博热搜榜上疫情话题占比超过 60%。在新冠肺炎疫情期间，微博进一步发挥了领先社交媒体的价值，在保证民众即时了解疫情进展、建立公众连接和互动方面起到了不可或缺的作用。由于微博的开放性也使其成为研究社交媒体或互联网群体传播的主选平台，并产生了大量基于微博数据的研究成果。本节的研究目的是通过对数据文本的分析呈现用户在社交媒体上参与亲社会行为类型，因此我们选择微博作为本研究的数据来源。

2.2.1.4　研究数据的采集

本研究选择的微博平台存储了海量的微博信息，在获得授权后可以通过平台的数据应用接口 API 进行应用程序创建，并获取相关的微博数据。

由于微博信息海量，而数据量过大会对后续内容分析带来一定的难度，因此一般在数据抓取时或者数据抓取之后，我们会进行一次随机抽样，并对抽样后的样本进行内容分析。要系统分析网络文本内容，可采取随机抽样的方式进行，即在 Python 开源工具中设定每天抓取当日微博搜索结果的前 25 页。

同时，由于本文研究的是一般社交媒体个人用户，但在微博中有很大一部分用户属于企业、媒体机构、政府组织等，这些用户一般通过了微博的蓝 V 认证，能够被较好地识别。因而在数据抓取时，本书通过排除微博蓝 V 用户的方式进行了用户筛选，以使抓取的数据更加符合研究需求。同时通过设定种子 URL，为微博页面爬取起始地址，然后对每一个 URL 所指向的微博页面的内容进行解析和抓取，接着继续抽取下一个 URL，依次反复爬取，直至程序运行结束，其具体流程如图 2-1 所示。

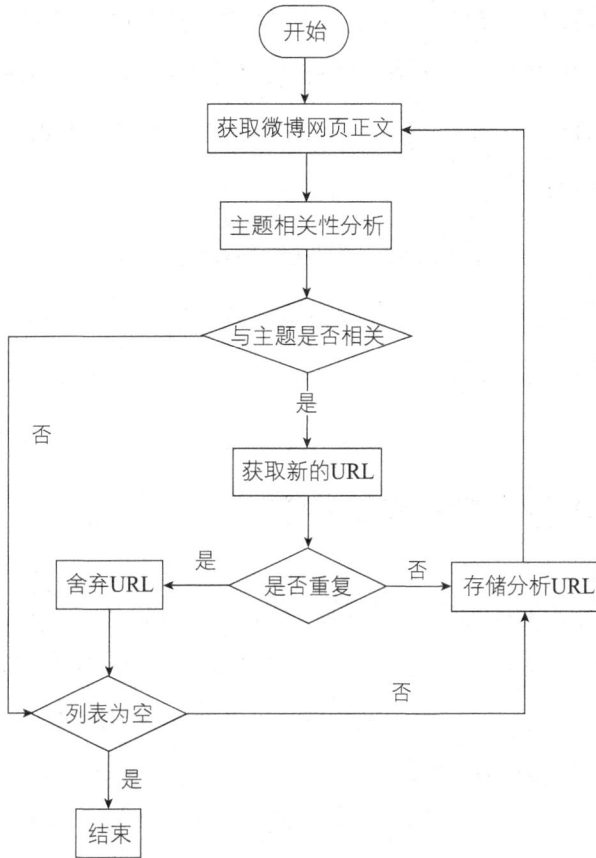

图 2-1　微博文本数据采集流程

微博数据采集维度为：用户标签 +URL（链接）+ 用户名 + 微博内容。在剔除重复信息、广告信息和蹭热度的无效信息后，最终得到 10 212 条数据样本。由于本书研究的是普通个人用户在社交媒体上参与的亲社会行为，在正式编码之前，还需要将这 10 212 条数据进行一次符合研究要求的人工筛选。

前期数据抓取时只过滤了蓝 V 用户数据，但是在样本中我们发现部分网络自媒体账号，如全球华人 TV 爱心频道、武汉身边事、乐居重庆等虽然尚未通过蓝 V 认证，但从其主页、微博内容、粉丝量来看，更多的是在微博平台从事专门的资讯整合与传播活动，且不乏团队运作。因此，本书认为这类账号不属于普通个人用户。在数据准备的第二阶段，本书通过微博用户名、微博主页对此类用户逐一进行人工筛查，并将其相应的数据从研究样本中剔除。

经过数据采集阶段的抽样和条件限制，以及编码准备阶段的人工筛选，符合条件的数据共计 9 285 条，本书以 Excel 表格的方式进行储存，以备后续编码之用。每条数据包含如下字段。

- 用户名（wb.user_id）：用户在微博中的昵称。
- 微博内容（wb.weibos）：提及新冠病毒感染的微博内容，所采集的数据不涉及个人隐私信息。

2.2.2　类目构建与编码方案

本书涉及的分析单元为每一条微博数据，共计 9 285 个分析单元。内容分析的类目构建和编码方案通过以下三种方式确立：一是参考现有的相关研究；二是从理论出发，根据理论预设进行演绎；三是遵循归纳逻辑，通过对一手数据的开放式编码与归类来构建。

本书所涉及的突发公共卫生事件中的用户亲社会参与本质上属于特定环境中的网络亲社会行为，但有关网络亲社会行为的研究尚且没有一个十分成熟的概念分类框架。因此，在所涉具体研究概念本身缺乏丰富理论参考的情形下，本书选择了通过对一手数据编码与归类的方式来构建分析类目的方法，即通过开放式编码的过程来形成表征亲社会参与具体行为的末级类目，再自下而上对一手数据的编码所形成的末级类目进行归纳，形成初级类目。

根据编码方案需要，笔者对两名编码员进行了培训。这两名编码员的身份是传播学专业的硕士研究生。在编码之前，笔者针对本书研究涉及的概念内涵、研究目的、线上辅助编码工具的操作等内容环节，对两名编码员进行了培训。编码员之间的信度检验是内容分析的一个重要步骤，即须保证两个或多个编码员对统一数据取得编码结果的一致性。编码员之间信度检验的方法有多种，包括通过计算编码员之间一致性编码结果占编码总数百分比的 Holsti 公式，以及

Scott的 π 值，Cohen的 κ 值和Krippendorff的 α 值等矫正系数。在正式编码前，笔者采取 Scott 的 π 值对两名编码员编码的内容进行信度检验，具体计算公式如下。

$$\pi = \frac{\pi_o - \pi_e}{1 - \pi_e} \qquad (2\text{-}1)$$

π_o 为观察到的一致性，π_e 为期望的一致性，即个别类别出现的相对频率的平方和。根据 Scott 的 π 值计算公式，笔者计算出两个编码员在情感支持、网络贡献、爱心行动三个类目上的编码信度分别为 0.88、0.80、0.84。各维度编码一致性都高于内容分析方法建议值 0.7 的要求，表明编码员之间具有良好的一致性，编码员间信度较高。

2.2.3　初级编码：亲社会参与行为表现

通过随机抽样的方式，我们从样本中抽取 20% 的分析单元进行内容文本的开放式编码，目的在于形成初始类目。

通过初级编码过程形成初始类目后，研究者与编码员共同讨论这些初始类目，并经过进一步筛选、合并同类项之后形成正式的初级类目。讨论的焦点围绕两个方面展开：一方面，该编码结果所表征的行为是否能够体现亲社会参与行为的特征，是否具有亲社会行为的性质；另一方面，该编码结果所表征的行为是否具有相对普遍性，是否在多次编码中遇到同样的行为类型。经过讨论后所确定的编码类别应满足以上两方面的要求。在后续编码过程中，如果遇到超越该类目的类型，则由研究者与编码员再一次讨论之后新建类目进行编码。

研究者和编码员根据这样的编码思路完成了剩余 80% 的数据的编码工作。在最终形成的末级类目中，主要包括 20 类具体的亲社会参与行为：（1）为他人祈福、祝愿；（2）向在事件中遇难的人表达哀悼；（3）向他人表达感谢；（4）赞扬事件中的人或行为；（5）表达对他人的关心；（6）加油、鼓气、鼓舞信心；（7）同情事件中的人；（8）安慰他人或安抚情绪；（9）告知相关信息，如事件动态；（10）提醒他人重视并遵守相关规定；（11）分享与事件相关的科普知识；（12）辟谣；（13）回答他人提出的问题；（14）告诫、警示违规或不良行为；（15）协助转发官方发布的信息；（16）发布或转发与事件相关的应对指南；（17）呼吁共同抵御灾难或其他有助于事件发展的行为；（18）向他人或社会建言；（19）发起或参与线上救助行动；（20）发起或参与线上捐赠行动。

2.2.4 主题提取：亲社会参与行为类别

通过初级编码及后续的编码过程，我们确定了突发公共卫生事件中社交媒体用户在线亲社会参与行为的主要类别。为了进一步归纳这些具体行为所属的主题以区分亲社会参与的维度，我们按照概念归纳的编码思路，根据亲社会行为的内涵和特征将这 20 类具体的社交媒体用户亲社会参与类型进行了进一步提炼，最后得到八个二级类目，分别是善意表达、心理支持、信息告知、注意提醒、知识贡献、呼吁共同抵御、告诫、捐赠。

我们又根据八个二级类目的特点对其进行归类，由于表达善意和心理支持主要涉及用户个人对突发公共卫生事件中其他人的情感表达，如对他人的鼓励、同情和关心等内容，因此将其归为情感支持。信息告知、注意提醒、知识贡献、呼吁共同抵御则主要是用户在突发公共卫生事件中以知识生产或信息传播的形式对他人进行告知提醒、分享知识等，因此将其归为网络贡献。告诫和捐赠主要包含的是用户参与或发起的爱心接力等活动，因而将其归为爱心行动。我们最终得到了亲社会参与的三个行为类别。

情感支持所表现的是在突发公共卫生事件中用户通过社交媒体向他人表达善意，或为他人加油、鼓气，安慰、同情、关心他人，侧重于通过话语表达来实现对他人心理或情感层面的支持。值得注意的是，这类似于社会支持中的情感支持的内涵，但关注的行为对象不同。社会支持是指当我们需要依靠时，有人可以给予我们关怀、爱及尊重。心理学领域的研究者认为，社会支持是个人感知到的来自他人的支持，即情感支持的可得性。综上，我们认为，社会支持指的是个体在社会网络中对情感支持及其他工具支持的获取或者自我感知，是从支持客体（即支持获得者视角）去探讨支持的获取或主观感知。

网络贡献是指社交媒体用户在突发公共卫生事件中以分享信息和知识的形式做出的贡献，包括信息告知、注意提醒、知识分享、呼吁共同抵御。

爱心行动是指社交媒体用户在社交平台上发起或参与的救助行动与捐赠行动，主要包括发起救助信息，协助官方或媒体救助通道的扩散，参与社交平台救助话题的讨论，个人发起或组织线上捐赠活动，参与组织或转发政府、媒体及公众人物发起的线上捐赠活动，转发与扩散个人、医院向社会发布的求助捐赠的信息，直接通过平台进行捐赠或者表达捐赠意愿等。

以社交媒体用户针对突发事件在微博上的互动为例，亲社会参与行为分类及具体行为描述如表 2-1 所示。

表 2-1　亲社会参与行为分类及具体行为描述

具体行为	行为描述	二级类目	一级类目
为他人祈福、祝愿	通过微博明确表达与事件相关的祈福、祝愿、期望等情感	善意表达	情感支持
向在事件中遇难的人表达哀悼	通过微博明确表达对事件中的不幸者的哀悼情感		
向他人表达感谢	通过微博明确表达对他人的感谢		
赞扬事件中的人或行为	通过微博明确对事件中的人或行为表达赞扬、致敬等情感		
表达对他人的关心	通过微博明确表达对他人情绪和处境的关心	心理支持	
加油、鼓气、鼓舞信心	通过微博为他人加油、打气，鼓舞社会信心等		
同情事件中的人	通过微博对事件中有不幸遭遇的人或其他人表示同情		
安慰他人或安抚情绪	发文使他人心情安适，安抚他人在事件中的情绪		

（续表）

具体行为	行为描述	二级类目	一级类目
告知相关信息，如事件动态	告知事件发展动态等相关信息	信息告知	网络贡献
协助转发官方发布的信息	转发政府或官方媒体发布的信息		
发布或转发与事件相关的应对指南	发布或转发与事件相关的能够引领人们生活、工作的信息		
提醒他人重视并遵守相关规定	提醒他人采取合理措施，重视并遵守相关规定	注意提醒	
分享与事件相关的科普知识	分享与事件相关的科学知识	知识贡献	
辟谣	转发政府部门或官方媒体的辟谣		
向他人或社会建言	通过理性分析向他人或社会提出有助于事件发展的建议		
回答他人提出的问题	回答他人的问题，回应关切	呼吁共同抵御	
呼吁共同抵御灾难或其他有助于事件发展的行为	通过社交媒体呼吁人们共同抵御灾难，或者共同参与有助于事件发展的行为或活动等		
告诫、警示违规或不良行为	针对事件中的违规、不良现象进行告诫、发帖警示	告诫	爱心行动
发起或参与线上救助行动	主动发起救助信息，如在 QQ 群、微信群、微博中发布相关信息；在微博上申请开通救助"超话"；转发官方或各类媒体的救助通道，帮助转发求助者需要救治的信息；参与线上救助讨论	捐赠	
发起或参与线上捐赠行动	发起或组织线上捐赠活动，参与组织或转发政府、媒体及公众人物发起的线上捐赠活动		

2.2.5 量化统计：亲社会参与行为分布

根据本研究对 9 285 个分析单元的编码结果，统计分析显示，在本书所采集的样本微博内容中，不属于任何一类亲社会参与行为的共计 4 769 条，占比 51%，这部分信息包括单纯的新闻动态转发、个人信息披露、与他人在线争论、个人要求或意见表达、个人感触、询问与事件相关动态、表达对组织机构或专家群体的不满和质疑、愤怒与恐慌等负面情绪表达、网络谩骂、网络攻击或已被官方辟谣的网络谣言信息等。体现社交媒体用户亲社会参与的微博占49%，共计4 516条，其中属于情感支持的微博共计2 026条，属于网络贡献的微博共计2 171，与爱心行动相关的微博共计319条。结果表明，一方面，在突发公共卫生事件中，用户亲社会参与的确是社交媒体在线参与的重要内容，用户正普遍以亲社会行为的方式参与到突发公共卫生事件中，这可能会促成一场积极行为的接力赛，以促进危机情境下他人或社会的福祉的提升，同时也可能对社交媒体用户个体本身产生积极的心理调适。另一方面，在突发公共卫生事件中，社交媒体已成为亲社会参与的主要场域，社交媒体所带来的这种积极行为效应可能在促进突发公共卫生事件良性发展中起到举足轻重的作用。

　　用户在情感支持、网络贡献、爱心行动上的亲社会参与程度存在差异。其中，网络贡献占48%，情感支持占45%，爱心行动占7%，具体如表2-2所示。从统计数据来看，爱心行动类亲社会参与较少，这主要是由于微博内容在反映线上捐赠行为上存在一定困难。微博用户参与线上捐赠主要集中在"微公益"平台，只有参与捐赠并在个人微博上发文呈现其捐赠行为的才可能在采集数据时被检索到。这也是我们通过对微博文本进行编码与统计来呈现亲社会参与行为类别在数量上存在的局限性，但这并不妨碍我们认识包括"在线捐赠"类的爱心行动是突发公共卫生事件中社交媒体用户亲社会参与的一部分。

表 2-2　样本中不同参与行为的频数分布

参与类别	信息数量	信息均值	比例	具体行为	信息数量
情感支持	2 026	1 013	45%	为他人祈福、祝愿	505
				赞扬事件中的人或行为	343
				向在事件中遇难的人表达哀悼	221
				向他人表达感谢	73
				表达对他人的关心	68
				安慰他人和安抚情绪	46
				加油、鼓气、鼓舞信心	537
				同情事件中的人	233

（续表）

参与类别	信息数量	信息均值	比例	具体行为	信息数量
网络贡献	2171	520	48%	告知相关信息，如事件动态	1 184
				提醒他人重视并遵守相关规定	381
				协助转发官方发布的信息	66
				发布或转发与事件相关的应对指南	80
				分享与事件相关的科普知识	290
				回答他人提出的问题	22
				呼吁共同应对或其他有助于事件发展的行为	44
				警示或告诫违规、不良、不利于事件的言行	40
				向他人或社会建言	36
				辟谣	28
爱心行动	319	160	7%	发起或参与线上救助	261
				发起或参与线上捐赠	58

就具体行为类别而言，加油、鼓气、鼓舞信心，祈福、祝愿，赞扬事件中的人或行为是微博样本中数量排名前三的情感支持类型。第一类是加油、鼓气、鼓舞信心，涉及的微博数量为537。第二类是祈福、祝愿，涉及的微博数量为505。第三类是赞扬事件中的人或行为，涉及的微博数量为343。第一类主要通过话语表达为社交媒体中的其他用户提供情感支持，鼓舞社会信心。后面两类主要通过社交媒体平台向用户表达祝福、希望、祝愿等情感，或通过社交媒体平台向事件中涉及的人或行为表达敬意、称许等情感。这些都是善意表达类亲社会参与行为的具体体现。

告知相关信息与提醒他人重视并遵守相关规定，是出现频率较高的网络贡献类亲社会参与行为，涉及的微博数量分别为1 184、381，其宗旨在于主动为突发公共卫生事件中的社交媒体用户提供信息支持，使其掌握危机事件中需要的各类信息，进而更好地应对风险或危机。分享与事件相关的科普知识是最主要的网络贡献，统计数量为290；发起或参与线上救助是涉及较多的爱心行动，统计数量为261。

2.3　突发公共卫生事件中亲社会参与的构成

通过内容分析，我们明确了突发公共卫生事件中亲社会参与的具体行为表现与行为类别，这表明突发公共卫生事件中用户亲社会参与可能是一个多因素结构的构念，其主要构成框架如图 2-2 所示。为了进一步验证这一结果，从而实现对突发公共卫生事件中社交媒体用户亲社会参与行为的准确测度，我们拟按照社会科学行为测量量表开发的一般步骤，对突发公共卫生事件中用户亲社会参与的维度进行验证，在提高研究效度的同时，为准确测量突发公共卫生事件中用户亲社会参与形成一个具有信度与效度的测量工具。

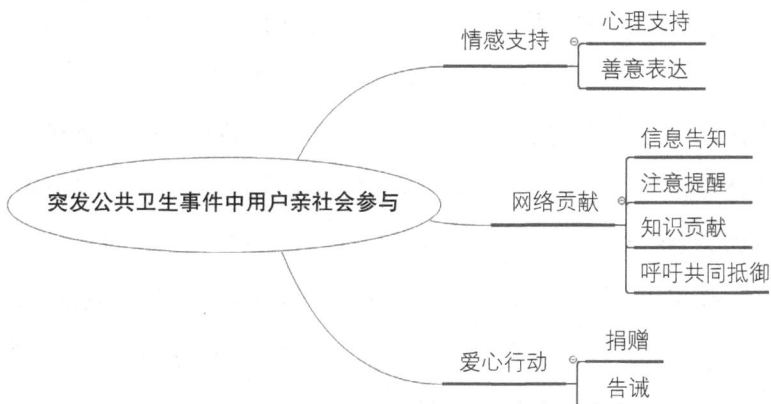

图 2-2　突发公共卫生事件中用户亲社会参与的构成框架

2.3.1　初始题项的形成

根据邱吉尔等人（Churchill，et al.，1979）的建议，首先应生成相关概念与不同维度的测量题项，并考察其表面效度和内容效度。初始题项的开发主要基于前文内容分析的结果与已有文献中的相关测量项目。根据前文对样本微博文本的编码，我们分别提炼出 20 个具体行为类别，并更改表述方式，经过整理、合并后作为量表的备选题项，共计 20 个备选题项。这些条目所代表的具体行为类型在前文内容分析的编码阶段已经过提炼、合并、归类及分类讨论。

同时，通过文献回顾，我们进一步对 20 个备选题项进行补充、修改，对表述方式进行完善，并且增加了"突发公共卫生事件中，我会在社交媒体上发布一些有积极意义的帖文以激励他人"等题项，最后形成 28 个备选题项。接下来，我们对初始题项的表面效度和内容效度进行了定性检验，具体步骤如下。

第一，研究者邀请了两位传播学专业的博士、四位硕士研究生组成讨论小组，分别对文献和案例编码中确定的 28 个备选题项进行讨论、修正、合并与剔除。在讨论过程中，研究者先隐去了题项所属的维度，并将 28 个题项顺序打乱，然后请讨论组成员对所有题项进行阅读、讨论并归类。通过讨论主要合并了意义相近的表述，修正了含义不清或易引起歧义的表述，剔除了意思表达不清的题项或不符合当前社交媒体用户实际情况的题项，并且要求讨论组如果发现有题项不属于某一类，则要标注出来予以排除。经过第一轮讨论，删除了"我会通过社交媒体对有助于突发公共卫生事件发展的行为进行呼吁"等含义不明确的表述，合并了"突发公共卫生事件中，我会在社交媒体上发布一些有积极意义的帖文以激励他人"与"在突发公共卫生事件中，我会在社交媒体上转发有积极意义的文章"及"我会在社交媒体上转发与突发公共卫生事件相关的捐赠信息"与"我会在社交媒体上呼吁其他人为需要帮助的人捐款"等意思相近的题项。经过讨论后，共保留了 24 个题项。

第二，针对保留的 24 个题项，研究者重新邀请一位传播学专业副教授、两位传播学网络与新媒体方向博士研究生评价其内容效度。通过解释每个维度所代表的内涵，请讨论组查看各维度下包含的题项，并判断所有题项是否属于并能够反映对应维度。该过程中共计剔除 2 个题项，保留 22 个题项。保留的测前题项中包括情感支持共 6 个题项，网络贡献共 11 个题项，爱心行动共 5 个题项。上述维度所包含的题项均在 3 个以上，符合行为研究中对量表的每个维度至少有 3 个题项的要求，这也是确保量表内容效度和信度的基本要求。经过两轮讨论后，我们设计的突发公共卫生事件中用户亲社会参与各维度测前题项如表 2-3 所示。

表 2-3　突发公共卫生事件中用户亲社会参与各维度测前题项

维度	编号	题项
情感支持	Q1	我会通过社交媒体赞扬某些人或行为
	Q2	在突发公共卫生事件中我会在社交媒体上安慰他人
	Q3	当他人遭遇困难时，我会通过社交媒体给予关心
	Q4	我会在社交媒体上为事件中的人祈福、加油
	Q5	我会在社交媒体上向他人表达感谢
	Q6	我会在社交媒体上发布一些有积极意义的帖文，以激励他人
网络贡献	Q1	我会通过社交媒体告知他人我认为重要的突发公共卫生事件动态
	Q2	我会通过社交媒体提醒他人做好突发公共卫生事件的应对和防范
	Q3	在突发公共卫生事件中，我会在社交媒体上提醒他人警惕某些诈骗、谣言等不良信息
	Q4	在突发公共卫生事件中，我会协助官方转发需要宣传扩散的信息
	Q5	我会通过社交媒体分享与突发公共卫生事件相关的科学知识
	Q6	我会在社交媒体上为突发公共卫生事件中需要帮助的人提供建议
	Q7	我会对社交媒体上关于突发公共卫生事件的提问给予回答
	Q8	我会通过社交媒体曝光突发公共卫生事件中某些违规、不好的行为
	Q9	我会通过社交媒体对某些违规、不好的行为进行举报
	Q10	对一些有关突发公共卫生事件的谣言，我会通过社交媒体进行辟谣
	Q11	我会在社交媒体上向政府或公共机构提供我个人关于事件的建议
爱心行动	Q1	我会通过社交媒体发布或转发事件中受害者的求助信息
	Q2	我会通过社交媒体发布或转发与事件相关的救助信息
	Q3	我会通过社交媒体为事件中需要帮助的人提供直接帮助
	Q4	我会通过社交媒体向突发公共卫生事件中遭遇困难的人捐款
	Q5	我会在社交媒体上呼吁其他人为事件中需要帮助的人捐款

2.3.2　因子探索：亲社会参与的构成维度

2.3.2.1　调查样本

自我评价的问卷调查是亲社会行为测量的主要方法。我们采取自我评价对社交媒体用户在突发公共卫生事件中的亲社会参与行为进行调查，以收集测量数据。测量数据的收集分为两阶段：第一阶段是进行探索性因子分析的调查数据采集，目的在于从量化角度进一步调整量表题项，对量表进行最后修正；第二阶段是进行验证性因子分析的数据采集，主要目的在于验证测量结构与模型的有效性。

第一阶段调查问卷的发放时间在 2020 年 6 月，调查采取网络问卷的方法，即通过腾讯问卷提供的"回答小组"样本服务项目进行。腾讯问卷回答小组是腾讯问卷为帮助问卷投放者邀请符合其投放条件的人群填写问卷而推出的问卷投、答功能，其问卷投放渠道主要为腾讯下属的 QQ、微信两个社交媒体平台。由于本研究的研究对象是社交媒体用户，根据 CNNIC 最近一次发布的专门针对社交媒体应用的报告数据，社交媒体用户年龄结构以 19 岁及以下、20~29 岁为主，两个年龄段的用户总数占 53.7%，而 30~39 岁用户占 24.3%。因此，我们在进行问卷调查时主要针对 18~40 岁的社交媒体用户进行问卷投放，共获得有效问卷 332 份，样本信息如表 2-4 所示。

在样本质量控制方面，本研究一方面借助问卷小组自动识别标记无效问卷程序，结合平台自身的 AI 技术对用户答题时间、行为进行筛选。另一方面通过人工审核，对回答时间、社交媒体使用年限、社交媒体使用类型等数据进行审核，力求保证回收问卷的有效性。

样本结构在性别比例、年龄比例、城乡比例方面基本符合我国网民结构。此外，调查样本社交媒体使用年限在 3 年以上的占 80% 以上，其中 8 年以上的占 29.5%，3~5 年占 24.1%，5~8 年占 29.5%，均是有丰富社交媒体使用经验的用户人群。日均社交媒体使用频率上，1~2 小时占 22.3%，2~4 小时占 29.5%，4~6 小时占 24.7%。样本用户主要使用的社交平台包括：微博占样本总量的 16%，微信占样本总量的 30.9%，QQ 占样本总量的 24%，抖音占样本总量的 17.8%，符合本研究对样本具有一定的社交媒体使用经验的要求，且覆盖当前热门的社交媒体应用用户人群。

表 2-4　探索性因子分析阶段调查样本基本信息

特征	分类	样本量	比例（%）	特征	分类	样本量	比例（%）
性别	男	228	68.7	户籍	城市	134	40.4
	女	104	31.3		农村	198	59.6
年龄	19 岁及以下	80	24.1	年限	3 年以内	56	16.9
	20~29 岁	200	60.2		3~5 年	80	24.1
	30~39 岁	42	12.7		5~8 年	98	29.5
	40~49 岁	10	3.0		8 年以上	98	29.5
职业	企业从业人员	46	13.9	频率	1 小时以下 / 天	26	7.8
	政府机关人员	8	2.4		1~2 小时 / 天	74	22.3
	事业单位人员	46	13.9		2~4 小时 / 天	98	29.5
	个体经营者	22	6.6		4~6 小时 / 天	82	24.7
	在校学生	138	41.6		6~8 小时 / 天	30	9.1
	制造生产型企业工人	18	5.4		8 小时以上 / 天	22	6.6
	农民	4	1.2	类型（多选）	社区	58	5.8%
	自由职业者	30	9.0		微博	160	16.0%
	其他	20	6.0		微信	308	30.9%
学历	初中及以下	34	10.2		QQ	240	24.0%
	高中（中专）	66	19.9		抖音	178	17.8%
	大专	94	28.3		人人网	4	0.4%
	本科	116	34.9		其他	50	5.0%
	硕士及以上	22	6.6				

2.3.2.2　探索性因子分析结果

我们将第一阶段收集的问卷数据用于探索性因子分析，目的在于通过量化手段进一步探索突发公共卫生事件中社交媒体用户亲社会参与的主要维度，并检验相关题项与维度之间的适配性。

首先，选取检验统计量（Kaiser Meyer Olkin，KMO）和巴特利特（Bartlett）球形检验来验证采样充足度与数据是否适合进行因子分析。一般而言，KMO值在0.5~1.0表示可以进行因子分析，在0.5以下则表示不适合，但在具体研究中常常以0.7作为下限。Bartlett球形检验是用来检验相关阵中各变量间的相关性是否为单位阵。Bartlett球形检验显著，说明可以做因子分析。

我们通过SPSS软件对问卷数据进行统计分析，得到了KMO值和Bartlett球形检验的结果。结果显示，采样充足度KMO值为0.901，表明采样充足度高，变量间的偏相关很小。Bartlett球形检验值为1 785.92，显著性水平为0.000，通过显著性检验，即球形假设被拒绝。两个指标结果均表明本研究的数据适合进行因子分析。

其次，进一步通过主成分分析法（principal componet analysis）抽取因子，因子载荷通过方差极大正交旋转来确定。提取因子的标准包括：（1）特征值大于1，（2）符合碎石检验，（3）每个因子所包含的题项至少有3个，（4）每个题项的因子载荷大于0.4，（5）每个题项的共同度（公因子方差）大于0.3。

我们进一步对调查结果进行探索性因子分析。通过分析得到特征值大于1的因子共3个，可解释方差累计70.07%，符合大于50%的要求。在23个题项中，所有因子载荷均大于0.4，但"（18）我会通过社交媒体对事件中某些违规、不好的行为进行举报"因子载荷仅为0.426，比较小。同时还出现2个题项的因子载荷较为接近的情况，还有横跨两个因子的题项如"（6）突发公共卫生事件中，我会在社交媒体上发布一些有积极意义的文章以激励他人""（13）我会对社交媒体上关于突发公共卫生事件的提问给予回答"，这说明题项区分度不佳，我们予以删除。

删除不满足条件的题项后，我们再一次进行探索性因子分析。探索结果仍旧不理想，还有因子载荷虽大于0.4但与0.4非常接近的因子存在，在删除这些题项后，进行第三次探索性因子分析。首先，进行KMO和Bartlett球形检验。结果显示，采样充足度KMO值为0.903，表明采样充足度高，变量间的偏相关很小。Bartlett球形检验值为1 159.82，显著性水平为0.000，通过显著性小于0.01的检验，即球形假设被拒绝，表明可以继续进行因子分析。采用主成分法和正交旋转方法，旋转在8次迭代后收敛，最后得到3个特征值大于1的公因子，可解释方差累计 67.143%，符合大于 50% 的要求。

通过探索性因子分析得到 3 个因子（情感支持、网络贡献和爱心行动），具体结果如表 2-5 所示，因子碎石图检验结果如图 2-3 所示。研究结果初步验证了前文通过内容分析获得的突发公共卫生事件中社交媒体用户亲社会参与维度的相关结论。

表 2-5　题项的最终探索性因子分析结果

题项	因子载荷			共同度
	1	2	3	
（1）在突发公共卫生事件中，我会通过社交媒体赞扬某些人或行为		0.671		0.569
（2）在突发公共卫生事件中，我会在社交媒体上安慰他人		0.818		0.787
（3）当他人遭遇困难时，我会通过社交媒体表示关心		0.803		0.762
（4）我会在社交媒体上为事件中的人祈福、加油		0.516		0.589
（5）在突发公共卫生事件中，我会在社交媒体上向他人表达感谢		0.636		0.621
（6）我会通过社交媒体告知他人我认为重要的突发公共卫生事件动态	0.784			0.663
（7）我会通过社交媒体提醒他人做好突发公共卫生事件的应对和防范	0.739			0.741
（8）在突发公共卫生事件中，我会在社交媒体上提醒他人警惕某些诈骗、谣言等不良信息	0.657			0.684
（9）我会通过社交媒体分享与突发公共卫生事件相关的科学知识	0.645			0.681
（10）我会在社交媒体上为突发公共卫生事件中需要帮助的人提供建议	0.54			0.547
（11）在突发公共卫生事件中，我会协助官方转发需要宣传扩散的信息	0.788			0.686
（12）我会在社交媒体上发布或转发事件中受害者的求助信息			0.708	0.696
（13）我会在社交媒体上发布或转发救助信息			0.692	0.706
（14）我会通过社交媒体为事件中需要帮助的人提供直接救助			0.748	0.673
（15）我会通过社交媒体向突发公共卫生事件中遭遇困难的人捐款			0.733	0.717
（16）我会在社交媒体上呼吁其他人为事件中需要帮助的人捐款			0.681	0.622

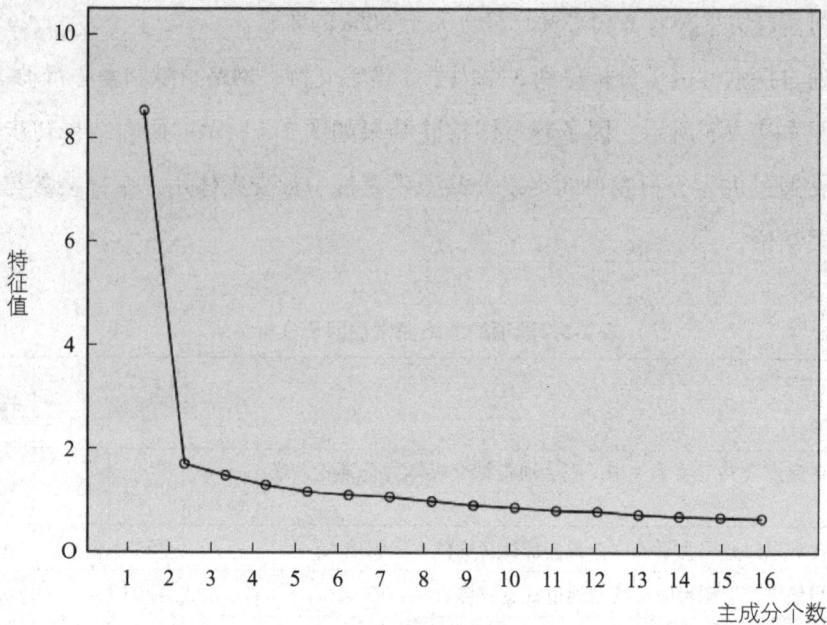

图 2-3 碎石图检验结果

其中，第一个公因子所包含的内容主要体现在用户通过社交媒体进行的信息发布或传播的个人知识和观点，以及对他人的告知提醒，包括科学知识的普及、为他人提供建议、告知他人重要信息、提醒他人注意，以及协助官方扩散重要信息等，表现的是用户在突发公共卫生事件中对他人提供的在线信息支持。

第二个公因子所包含的内容主要体现在突发公共卫生事件中，用户通过社交媒体以情感表达的方式在线给予他人认可、鼓励、关心、安慰、激励等支持。

第三个公因子所包含的内容则体现在突发公共卫生事件中，用户通过社交媒体参与或发起的与在线救助、在线捐助相关的爱心行动。

综上，探索性因子分析的结论与前文内容分析结论一致，这进一步确认了突发公共卫生事件中用户亲社会参与的三维度结构。

为了分析量表信度，我们统计了修正后的量表克朗巴哈（Cronbach's α）系数，三个因子的 Cronbach's α 系数分别为 0.91，0.891，0.908，总量表 Cronbach's α 系数为 0.939。一般而言 Cronbach's α 系数大于 0.5 则表明量表总体信度可接受，Cronbach's α 系数大于 0.7 则表明量表信度良好。因此，本量表各维度信度系数超过了建议值 0.7 的要求，表明信度良好。

2.3.3　因子验证：亲社会参与的三维结构

2.3.3.1　调查样本

通过探索性因子分析求得量表的最佳因素结构并建立其建构效度后，为了进一步确认量表所包含的因素是否与最初探究的构念相吻合，我们需要进行验证性因子分析，对不同样本进行检验，以确认量表因素结构模型是否与实际数据相契合，以及指标变量是否可以作为因素构念。因此，为了检测由探索性因素分析获得的突发公共卫生事件中社交媒体用户亲社会参与的维度模型与实际观测数据的适配度，我们通过结构方程建模软件 Amos 23.0，采用极大似然估计，对亲社会参与的三个维度进行验证性因子分析。

验证性因子分析所需的数据仍然采取自我评价调查来收集。测量工具采用（通过探索性因子分析最终得到的）16 个题项。问卷（即第二阶段调查问卷）的发放时间在 2020 年 7 月，调查采取网络问卷的方法进行。发放方式一是通过腾讯问卷提供的"回答小组"样本服务项目进行，在限定调查对象年龄后由调查平台自动在腾讯下属社交媒体中邀请符合条件的人填写问卷。此种方式共发放问卷 300 份，经过"腾讯问卷"智能过滤和研究者人工核对后，剔除无效问卷 18 份，得到有效问卷 282 份。发放方式二是通过微博平台发放，此方式由研究者在微博平台上邀请在线用户进行填写。研究者首先将问卷录入"腾讯问卷"，生成在线链接，然后通过私信功能随机向这些发布者发送问卷链接，并说明调查目的。该方式共回收问卷 183 份，通过"腾讯问卷"智能过滤和研究者人工核对后剔除无效问卷 22 份，得到有效问卷 161 份。最终，验证性因子分析阶段的有效调查样本共计 443 份。

验证性因子分析阶段调查样本基本信息如表 2-6 所示。调查样本社交媒体使用年限在 3 年以上的占 89%，其中 3~5 年的占 33.2%，5~8 年的占 31.4%，8

年以上的占 24.6%，可见样本属于有一定社交媒体使用经验的用户人群。日均社交媒体使用频率为 2~4 小时的占 32.7%，4~6 小时的占 21.4%。样本用户最常使用的三个社交平台包括微博（18.8% 的被访者使用）、微信（28.4% 的被访者使用）、QQ（21.1% 的被访者使用），样本涵盖当前热门的社交媒体应用用户人群。

表 2-6　验证性因子分析阶段调查样本基本信息

特征	分类	样本量	比例（%）	特征	分类	样本量	比例（%）
性别	男	199	44.9	户籍	城市	189	42.7
	女	244	55.1		农村	254	57.3
年龄	19 岁及以下	32	7.2	使用年限	3 年以内	48	10.8
	20~29 岁	359	81.0		3~5 年	147	33.2
	30~39 岁	51	11.5		5~8 年	139	31.4
	40~49 岁	1	0.2		8 年以上	109	24.6
职业	企业从业人员	64	14.4	使用频率	1 小时以下	17	3.8
	政府机关人员	12	2.7		1~2 小时	83	18.7
	事业单位人员	49	11.1		2~4 小时	145	32.7
	个体经营者	29	6.5		4~6 小时	95	21.4
	在校学生	164	37.0		6~8 小时	53	12.0
	制造生产型企业工人	21	4.7		8 小时以上	50	11.3
	农民	6	1.4	类型（多选）	社区	103	7.0
	自由职业者	50	11.3		微博	275	18.8
	其他	48	10.8		微信	416	28.4
学历	初中及以下	27	6.1		QQ	309	21.1
	高中（中专）	79	17.8		抖音	267	18.2
	大专	146	33.0		人人网	19	1.3
	本科	177	40.0		其他	77	5.3
	硕士及以上	14	3.2				

2.3.3.2　因子模型验证

在探索性因子分析阶段，我们已经确认了突发公共卫生事件中社交媒体用户亲社会参与由三个维度构成。一方面，考虑到有相关文献认为网络亲社会行为涉及单维度，也有文献认为突发公共卫生事件网络参与主要涉及表达性参与和行动性参与两个维度，这意味着与此相关的社交媒体用户亲社会参与可能是单因素或二因素结构。另一方面，从前文三个维度的相关性分析结果来看，各维度均存在相关性，且具有显著性。因而需要对因子模型进行对比分析，并依据一定的模型拟合指标来判断不同模型的拟合度，进而评判出最优的维度结构。

鉴于此，我们构建了突发公共卫生事件用户亲社会参与的单因素模型、两因素模型，并将其与三因素模型作为竞争模型进行验证性因子分析。其中，单因素结构将所有题项视为同一因素，不再区分因子结构；二因素模型根据网络参与的理论文献，将情感支持作为表达性参与，并且作为一个因子，网络贡献、爱心行动作为行动性参与合并为一个因子；三因素模型维持原有题项。我们将采用 Amos 软件分别对上述不同测量模型进行验证性因子分析，各模型拟合指标如表 2-7 所示。

表 2-7　各模型拟合指标

模型	卡方自由度比（χ^2/df）	近似误差均方根（RMSEA）	残差均方根（RMR）	拟合指数（GFI）	正规拟合指数（NFI）	比较拟合指数（CFI）	简约拟合指数（PGFI）
一阶三因素	1.950	0.050	0.031	0.938	0.931	0.966	0.676
一阶二因素	2.797	0.071	0.039	0.903	0.898	0.931	0.664
一阶单因素	3.504	0.084	0.045	0.880	0.870	0.903	0.653

我们遵循 CFA 的一般范式，在绝对适配度指标中，以 χ^2/df、GFI、RMSEA、RMR、NFI、CFI 及 PGFI 作为评价指标来对各模型进行拟合度评价。研究者建议 χ^2/df 等于 3 或者更小表示模型适配度较佳，RMSEA 小于 0.08 表示拟合度好，RMR 越接近 0 越佳，CFI、NFI、GFI 一般以 0.90 为临界值，越接近 1 越佳，PGFI 数值越大，表示简约性越佳，即模型越简单。

由表 2-7 可知，三因素模型、二因素模型、单因素模型的卡方自由度比分别为 1.950，2.797，3.504，其中二因素模型、三因素模型的拟合度较好。三个模型的 RMSEA 分别为 0.050，0.071，0.084，除单因素模型外，其余两个模型符合 RMSEA 小于 0.08 的拟合度要求。从 GFI、NFI、CFI 来看，只有三因素模型的值全部大于 0.9。总体而言，三因素模型与数据均有较好的适配度，三者比较，三因素模型在各项指标上优于其他模型。

三因素模型标准化估计结果如图 2-4 所示，情感支持的因子载荷为 0.69~0.71，均大于 0.5；网络贡献维度的因子载荷为 0.69~0.73；爱心行动维度的因子载荷为 0.65~0.80，均大于 0.5。这说明所有测量题项能够较好地反映各自所属的因素构念。

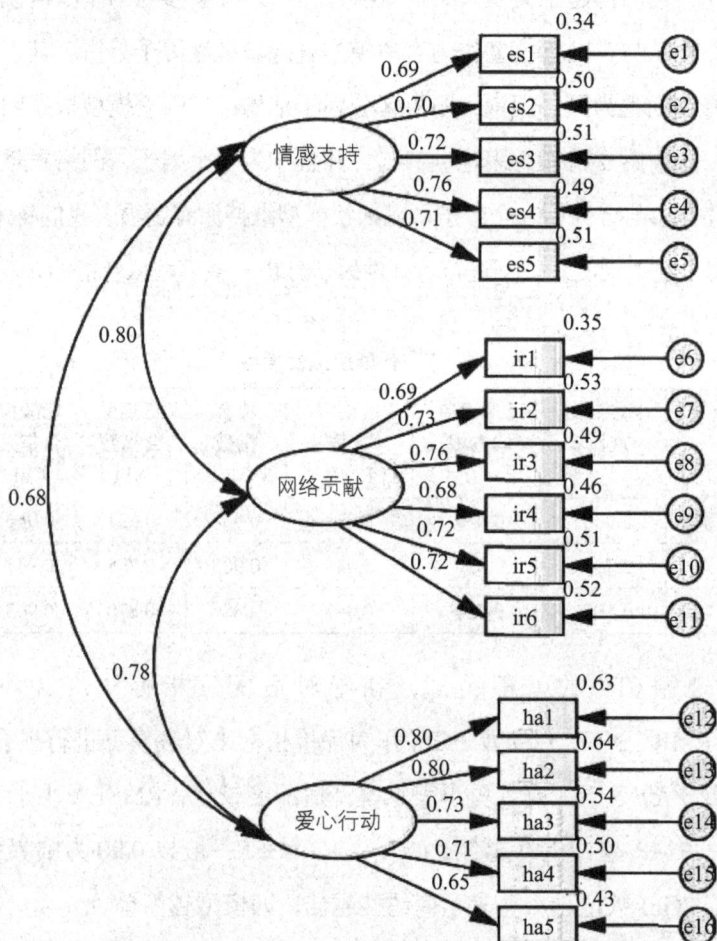

图 2-4　三因素模型标准化估计结果

　　至此，我们不仅通过量化的方式对突发公共卫生事件中用户亲社会参与内涵结构进行了验证，同时也形成了一个包含三维度、共 16 个题项的测量工具。

　　在信度与效度方面，我们首先通过 Cronbach's α 系数及潜在变量的构念信度，即组合信度（Composite Reliability，CR），又称 CR 来衡量其信度。组合信度为模型质量的判别标准之一，若组合信度值在 0.70 以上，说明测量模型的构念信度良好。我们统计了各维度的 Cronbach's α 系数，结果显示情感支持、网络贡献、爱心行动的 Cronbach's α 系数为 0.812，0.842，0.871，总量表的信度系数为 9.02，均大于 0.7 的建议值。同时，我们还统计了组合信度，CR 值分别为 0.834，0.858，0.857，指标符合大于 0.7 建议值的要求。信度分析结果说明本研究所设计的亲社会参与量表具有良好的一致性。

　　聚敛效度一般用因子载荷量和平均方差抽取量（average variance extracted，AVE）来进行衡量。通过对测量模型的验证性因子分析，我们得到了因子载荷，各因子载荷为 0.69~0.80，符合因子载荷应大于 0.5 的要求，这表明各个题项能够有效反映一个共同因素。在获得因子载荷的基础上，我们计算了各个维度的 AVE，分别为 0.513，0.514，0.547，均大于 0.5，说明测量工具具有效度。

2.4　研究结果讨论

2.4.1　内涵再明确与特征对比

　　基于行为表现的视角，我们认为突发公共卫生事件中用户亲社会参与可以分为三个维度，分别是情感支持、网络贡献和爱心行动。实证研究进一步表明突发公共卫生事件中用户亲社会参与是一个具有三个核心维度和 16 个测量题项的多维构念。在这三个维度中，网络贡献是最广泛的用户亲社会参与类型，其次是情感支持，再次是爱心行动。

　　综合概念界定和构成维度的分析结论，我们进一步对突发公共卫生事件中社交媒体用户的亲社会参与进行界定。我们认为突发公共卫生事件中用户亲社会参与是指当突发公共卫生事件发生时，社交媒体用户通过发布、转发、评论、互动及微捐款等方式参与的与突发公共卫生事件相关并旨在使他人或群体受益的积极、友好行为，该行为表现具有多种形式，主要有情感支持、网络贡献和爱心行动三类。

这一定义包含六层含义，第一，在突发公共卫生事件中，亲社会参与是一个多维度概念；第二，行为主体是社交媒体用户；第三，行为范围是社交媒体在线环境；第四，行为途径是社交媒体平台所提供的诸如发布、评论、转发、微捐款等各种互动参与功能；第五，行为目的是降低突发公共卫生事件对他人或群体的负面影响，并使他人乃至社会获益；第六，行为本身具有积极、友好、利他的亲社会特性。

亲社会参与本质上是发生于社交媒体线上环境中的亲社会行为。为了能更清楚地了解突发公共卫生事件中用户亲社会参与的特性，我们将研究结果与亲社会行为、网络亲社会行为进行对比。根据张庆鹏、寇彧等人（2011）的研究成果，亲社会行为主要涉及四个维度。根据郑显亮等人（2011）的研究成果，网络亲社会行为包括四个维度。我们将突发公共卫生事件中用户亲社会参与分析结果分为三个行为维度，这说明突发公共卫生事件这一具体情境之中的用户亲社会参与符合亲社会行为本身的特征，具有多重内涵属性，是一个复杂的构念，不仅仅是一种行为类型，还涉及多个维度和更广泛的行为表现。

相比网络亲社会行为，突发公共卫生事件中用户的亲社会参与具有更明确的情境指向，即发生在突发公共卫生事件中，侧重于解释用户以亲社会行为的方式参与突发公共卫生事件这一公共事务。在其维度上，爱心行动是其中一种重要的行为类别，这主要表现在与突发公共卫生事件相关的在线捐赠行为、救助行为等。此外，用户网络贡献也表现出更丰富的亲社会行为类型，诸如信息告知、注意提醒及知识分享等。当然，在各维度所包含的具体亲社会参与行为中，所有行为表现均与突发公共卫生事件相关，如分享与事件相关的科普知识，向事件中需要帮助的人表示关心、告知其他人急需的有关于事件的相关信息等。

此外，从行为实质上而言，学者对网络亲社会行为的认知主要集中于信息行为的性质，因而并不涉及物质性亲社会行为。本书的研究结论反映出突发公共卫生事件中用户亲社会参与虽然仍以信息行为为主，但同时也包含物质性亲社会行为，如在突发公共卫生事件中，用户通过社交媒体向需要帮助的人捐款，这属于物质的在线传递。同时，相比线下环境中的亲社会行为，用户亲社会参与不受时间和地理空间的限制。而这些特性事实上正是得益于社交媒体的可供性，它从技术上为用户进行亲社会参与提供了可能。

2.4.2　测量工具的形成

前文不仅验证了内容分析中所得到的亲社会参与所包含的 3 个维度，而且通过初始题项、探索性因子分析、验证性因子分析的过程得到了一个包含 3 个核心维度、共 16 个题项的测量量表，具体如表 2-8 所示。

表 2-8　突发公共卫生事件中社交媒体用户亲社会参与量表

题项	维度
（1）在突发公共卫生事件中，我会通过社交媒体赞扬某些人或行为	情感支持
（2）在突发公共卫生事件中我会通过社交媒体安慰他人	
（3）当他人遭遇困难时，我会通过社交媒体表示关心	
（4）我会在社交媒体上为事件中的人祈福、加油	
（5）在突发公共卫生事件中，我会在社交媒体上向他人表达感谢	
（6）我会通过社交媒体告知他人我认为重要的突发公共卫生事件动态	网络贡献
（7）我会通过社交媒体提醒他人做好突发公共卫生事件的应对和防范	
（8）在突发公共卫生事件中，我会在社交媒体上提醒他人警惕某些诈骗、谣言等不良信息	
（9）我会通过社交媒体分享与突发公共卫生事件相关的科学知识	
（10）我会在社交媒体上为突发公共卫生事件中需要帮助的人提供建议	
（11）在突发公共卫生事件中，我会协助官方转发需要宣传扩散的信息	

（续表）

题项	维度
（12）我会在社交媒体上发布或转发事件中受害者的求助信息	爱心行动
（13）我会在社交媒体上发布或转发救助信息	
（14）我会通过社交媒体为事件中需要帮助的人提供直接救助	
（15）我会通过社交媒体向突发公共卫生事件中遭遇困难的人捐款	
（16）我会在社交媒体上呼吁其他人为事件中需要帮助的人捐款	

针对该测量结构的信度与效度分析结果显示，这个包含 3 个维度、16 个题项的测量量表能够比较可靠、有效地对突发公共卫生事件这一特定情境中的用户亲社会参与进行测量。

综合研究结果，可以得出结论：突发公共卫生事件中社交媒体用户亲社会参与行为表现广泛，其概念内涵主要涉及情感支持、网络贡献和爱心行动三个维度。我们在验证该结构维度的基础上所得到的亲社会参与量表内部一致性较高，具有符合要求的收敛效度，通过了信度与效度检验，能够实现对突发公共卫生事件中社交媒体用户亲社会参与的有效测量。

本章通过基于社交媒体用户行为数据的内容分析法与基于调查研究的实证检验，既明确了突发公共卫生事件中用户亲社会参与这一复杂构念的结构维度，清晰地呈现了其具体的行为表现，同时还为后续研究的正常进行提供了一个可供使用的概念测量工具。

第 3 章

用户亲社会参与影响因素及机理

第 2 章对突发公共卫生事件中社交媒体用户亲社会参与的行为表现进行了研究，并且进一步明确了概念内涵与结构维度，同时也回答了"突发公共卫生事件中用户亲社会参与是什么"的问题。本章则基于对突发公共卫生事件中用户亲社会参与行为表现及其内涵维度的深刻认识，设计访谈提纲、展开深度访谈，并采取扎根理论法对访谈一手数据展开质化研究，从而回答"用户为什么会在突发公共卫生事件中进行亲社会参与，社交媒体如何为亲社会参与提供机会，以促进其发生"的问题。另外，本章通过程序化的编码最终析出可供性理论视角下突发公共卫生事件中用户亲社会参与行为影响因素，并发现相关因素之间的逻辑关系。

3.1　研究方法与数据来源

3.1.1　扎根理论法的选择

虽然亲社会行为具有丰富的理论成果，但针对突发公共卫生事件中用户亲社会参与行为的研究还处于探索阶段，目前尚没有一个完全可以解释突发公共卫生事件中为什么用户亲社会参与的理论模型可供借鉴和使用，而由格拉泽和施特劳斯（1967）共同提出的扎根理论法无疑是一种可行的选择。

扎根理论法强调研究问题的"自然呈现"，即从现实情境中去发现研究问题。首先，我们在社交媒体实践中了解了社交媒体已经成为突发公共卫生事件中用户亲社会参与的重要场域，用户在其中参与了大量、多样的亲社会行为，第 2 章的研究也证实了这一点。

　　其次，选择扎根理论法的原因还在于现有的个体行为理论、亲社会行为理论成果都无法单独直接用于解释突发公共卫生事件中用户亲社会参与行为机理的问题。诸如有研究者指出，社交媒体线上亲社会行为面临多重情境重叠，诸如网络改变了原有的自然环境约束，旁观者效应在社交媒体的亲社会行为中表现不再明显等。可以说，社交媒体本身所具有的特性为用户亲社会参与提供了诸多可能，发生于其中的亲社会参与行为机制就需要被进一步挖掘和探索。

　　由于扎根理论法强调从一手资料中去建构理论，需要避免现有理论的干扰，因此存在关于文献回顾延迟性的争议。我们虽然在第 1 章对相关理论领域进行了文献回顾，但并未直接涉及本书研究的具体问题。为了避免这些已有理论的干扰，我们参考已有研究的做法，遵循扎根理论提出者格拉泽和施特劳斯的建议，在研究过程中建立涉及已有文献的假设，同时将这些假设作为研究的一部分。

　　本书的主要研究目的是探讨突发公共卫生事件用户亲社会参与行为机理，而深度访谈能够以研究对象为核心，帮助研究者了解社交媒体用户这类研究对象在具体事件中是如何进行亲社会参与的，以及参与行为背后的认知与态度问题，具体操作程序如图 3-1 所示。

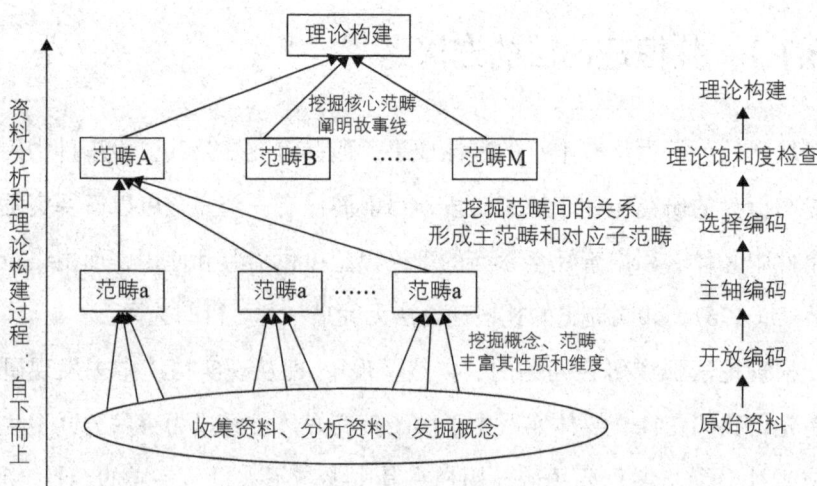

图 3-1　扎根理论法的操作程序

3.1.2　访谈设计与数据收集

3.1.2.1　访谈对象的理论抽样

在样本选择上，扎根理论的抽样方法具有一定的特殊性：抽取的样本并不具有统计意义的代表性，反而要求与研究目的紧密相关，并能够反映特定现象的典型性。本书的研究目的是探讨突发公共卫生事件中社交媒体用户线上亲社会参与的行为机理，研究对象是社交媒体用户。根据有关报告指出的社交媒体用户年龄结构特征，以 40 岁以下用户为主，占比 78%。因此，本书将选择20~39 岁的社交媒体用户作为访谈对象。

扎根理论研究对数据的要求更加注重质，而非量。首先，基于样本质量的考虑，我们将被访者的年龄限制在 20~39 岁。一是该年龄段的被访者是社交媒体的主要用户，二是这一年龄段的用户思维活跃。其次，鉴于本书的研究内容涉及对专业术语的理解，以及对自身亲社会参与行为的分析与解读，因而要求被访者具备一定的认知能力。因此，我们所选的受访者具有本科及以上学历，以及丰富的社交媒体使用经验。

另外，考虑到样本在性别、社交媒体使用偏好、职业分布上具有随机性，所以在选择样本时，一方面要力求对 20~39 岁这一年龄段中不同社交平台使用偏好、不同性别的访谈对象均有涉及，在职业方面除在校本科生、研究生外，还涉及公务员、教师、媒体从业者、房地产从业者、保险从业者、会计等。另一方面，需要访谈对象熟悉社交媒体并具有一定的使用经历，包括：（1）被访者必须在一个及以上社交媒体平台上拥有个人账号；（2）被访者社交媒体账号的使用历史在三年以上；（3）被访者最常使用的社交媒体账号中的好友数量必须超过 150 人，并且是活跃的社交媒体用户；（4）被访者曾通过社交媒体账号关注过突发公共卫生事件，并且通过转发、评论等方式参与过突发公共卫生事件的讨论。

综上，我们通过如下两种途径来确定访谈对象。一是通过微博进行搜索，在确认用户主页显示的用户注册时间、粉丝数量、年龄的基础上通过私信发出邀请。通过对微博用户注册资料和微博内容的查阅，研究者在 2020 年 3 月 10 日向 300 位满足条件并在新冠疫情这一突发公共卫生事件发生期间曾参与过微博讨论的用户发出邀请，一周之内回复并同意参与的有 19 人，经过初步询问，确认这 19 人之中有 12 人在年龄上符合本研究的要求。

二是通过研究者及研究团队其他成员通讯录联系人招募的方式进行，并采取调查问卷的方式对招募到的潜在访谈对象进行初步筛选，筛选题目涉及年龄、教育水平、性别，以及社交媒体账号使用时长、社交媒体账号中的好友数量、社交平台偏好。我们在充分考虑研究对象异质性的基础上初步确定 40 名访谈对象，访谈对象的具体情况如表 3-1 所示。

表 3-1　访谈对象一览表

编号	性别	年龄	学历 / 在读	职业	所在地区	社交媒体账号使用时长
1	男	26	硕士研究生	公务员	湖北省	10 年
2	女	23	硕士研究生	在读学生	贵州省	8 年
3	女	22	本科	在读学生	山东省	10 年
4	女	23	本科	公司职员	贵州省	10 年
5	女	23	本科	公司职员	贵州省	8 年
6	女	22	本科	公司职员	江苏省	7 年
7	女	22	本科	公司职员	山东省	7 年
8	女	25	硕士研究生	在读学生	山西省	6 年
9	女	23	本科	待业	贵州省	7 年
10	女	20	本科	在读学生	贵州省	10 年
11	女	22	本科	行政专员	贵州省	11 年
12	女	22	本科	房产置业顾问	贵州省	11 年
13	女	22	硕士研究生	在读学生	贵州省	10 年
14	男	23	本科	医院宣传科人员	河北省	5 年
15	男	23	本科	建筑集团会计	河北省	5 年

（续表）

编号	性别	年龄	学历 / 在读	职业	所在地区	社交媒体账号 使用时长
16	男	24	本科	广告文案人员	北京市	6 年
17	男	22	本科	保险公司行政	河北省	3 年
18	男	29	硕士研究生	大学辅导员	河北省	5 年
19	男	21	本科	在读学生	河北省	3 年
20	男	25	专科	自由职业者	河北省	7 年
21	女	22	本科	自由职业者	北京市	5 年
22	女	24	硕士研究生	在读学生	辽宁省	5 年
23	女	24	本科	百货市场策划	河北省	5 年
24	男	20	本科	在读学生	山西省	3 年
25	女	24	硕士研究生	在读学生	辽宁省	6 年
26	男	21	硕士研究生	在读学生	贵州省	10 年
27	女	23	硕士研究生	在读学生	山东省	7 年
28	男	28	本科	公司职员	贵州省	10 年
29	男	27	本科	公司职员	广东省	10 年
30	女	32	本科	设计师	贵州省	11 年
31	女	25	硕士研究生	在读学生	湖北省	9 年
32	男	23	本科	军人	山东省	8 年
33	女	24	硕士研究生	在读学生	俄罗斯喀山	12 年
34	男	28	本科	导游	贵州省	14 年
35	男	26	硕士研究生	在读学生	贵州省	7 年
36	女	27	本科	自由职业者	江苏省	8 年
37	女	24	硕士研究生	在读学生	贵州省	10 年
38	女	23	硕士研究生	在读学生	河北省	5 年
39	女	20	本科	在读学生	河北省	8 年
40	女	22	本科	航空公司地勤	天津市	10 年

3.1.2.2　访谈程序与数据整理

本书涉及的深度访谈均采取半结构式访谈，研究者依据基本提纲实施访谈，但在访谈过程中，研究者会根据实际情况对访谈顺序、提问方式、是否追问等灵活地做出必要的调整。在正式访谈之前，我们进行了预访谈，并依据访谈结果修订和优化了深度访谈提纲（见表 3-2），最终确定了突发公共卫生事件中用户亲社会参与行为的访谈提纲。该访谈提纲围绕被访者在突发公共卫生事件中的社交媒体使用体验、社交媒体可供性、个体参与动机、个体亲社会参与行为四个核心模块来设计。

表 3-2　深度访谈提纲

序号	访谈问题
1	你最近经历了哪些突发公共卫生事件
2	你觉得在突发公共卫生事件中，社交媒体给你带来了哪些方面的体验
3	在突发公共卫生事件中，你有在社交媒体上进行亲社会参与吗？如果有，请举例说明
4	你是如何看待在突发公共卫生事件中社交媒体亲社会参与行为的
5	这些行为会花费一定的时间、精力或者金钱，你为什么还会去做呢
6	你觉得在突发公共卫生事件中，通过社交媒体进行亲社会参与有哪些优点，请举例说明
7	你觉得在突发公共卫生事件中，通过社交媒体进行亲社会参与和线下生活中参与此类行为有什么区别

由于亲社会参与本身是一个抽象程度较高的学术概念，被访者不一定能够充分理解，所以在访谈提纲中，我们不仅对亲社会行为给出了解释，而且对本书第 2 章的研究结果，即突发公共卫生事件中用户亲社会参与的具体维度与类型举例进行了详细说明，并且确认在被访对象表示已经完全理解之后开始正式访谈。

正式访谈时，由笔者和三名新闻传播学专业硕士研究生根据访谈提纲与被访者展开交谈，访谈工作从 2020 年 3 月底开始，到 4 月中旬结束。本次访谈采取了电话访谈及 QQ、微信语音、视频通话，以一对一采访的方式进行。与每名访谈对象的访谈时间为 40~60 分钟，并要求被访者在不受外界干扰的情况下配合进行。

访谈结束后，我们将所有录音、文字内容整理归档，并仔细阅读每一份访谈资料，按照编号录入文本文档，最终得到 40 份文本文档。在对整理好的访谈资料进行分析前，我们将这 40 份文本文档导入专业分析软件 NVivo 10 中准备编码。

3.2　编码与范畴提炼

由于扎根理论要求样本达到理论饱和，即从访谈中所获得的信息开始，直到没有新的、重要的信息出现为止。因此，针对已经整理好的访谈文本，我们随机从中抽取 80% 的样本，即 32 个样本，按照扎根理论的操作流程进行三级编码：开放编码、主轴编码、选择编码，而剩余 8 个样本数据则用于理论饱和度检验。

3.2.1　开放编码：凝练范畴

开放编码要求研究者扎根于原始资料，通过逐字逐句地阅读并分析材料本身所呈现的属性来进行逐级缩编，目的是发现概念和范畴，并予以命名来正确反映原始资料内容。

我们借助 NVivo 软件辅助开放编码。首先，对通过访谈获得的原始资料贴标签并将其概念化。通过逐行编码的形式对原始资料中与社交媒体使用、亲社会参与认知、态度等相关的原始句子、词语进行标记、简化，将意思相同的词句合并处理后进行命名，根据访谈者在原始语句中所表达的核心内容形成初始概念，最终建立了 39 个与概念相关的自由节点。

其次，在对这些代表概念的原始节点进行范畴化之前，我们比较了各个概念之间的异同性，并将个别前后矛盾的概念剔除；然后，根据内容一致性原则，采用建立树状节点的方式对已经编码的自由节点进行合并，再一次提炼概念，即将同属于某一类因素的节点归结在树状节点之下，并进行新的命名，得到 18 个概念。初始编码的目的在于将这些概念范畴化，经过范畴化提炼出 8 个范畴，分别是社交媒体的丰富性、可见性、可联系性、群体认同、亲社会自我认同、网络共情体验、自我效能感、亲社会参与。开放编码形成的概念及范畴如表 3-3 所示。

表 3-3 开放编码形成的概念及范畴

范畴	概念	原始访谈记录中的代表性语句
A 丰富性	a1 信息丰富性	a11 提供需求信息："……首先通过社交媒体可以了解信息，然后你才能知道哪个地方、哪些人需要帮助""……我从社交媒体中的各种平台看到与事件相关的求助信息，能够更多地了解别人需要什么……"
		a12 提供动态信息："……每天给我提供该事件的最新信息……"
		a13 信息确认："……经常公布一些经查证后被确定的谣言，人们就能够知道哪些信息是可信的，哪些信息是不可信的……""……面对无法分清的信息，当我急需官方辟谣时，我可以使用社交媒体快速获取所需的信息……"
		a14 提供知识："……社交媒体上有很多科普知识和相关文章……"
		a15 媒体报道："……看到了很多很受感动的媒体报道……"
	a2 参与丰富性	a21 捐赠："……突发公共卫生事件发生期间，在小红书、朋友圈等社交平台有很多正规合法的募捐渠道。虽然我不在事发地，但是也可以通过社交媒体送去问候，或者做一些力所能及的事情……"
		a22 反馈："……社交媒体能够得到及时的反馈……"
		a23 表达："……社交媒体上每个网民都可以发表自己对于事件的观点与看法……""……在社交平台上没有那么多的顾虑，文字、图片，有时候表情包都能表达对他人的关心和支持……"
		a24 分享："……在抖音上面可以分享一些科普知识……"
		a25 灵活："我可以随时随地发布内容，转发那些有意义的文章；在社交媒体中，我能够随时帮助他人，很便捷，转发很容易……""……社交媒体进行的亲社会参与行为的传播速度要比线下行为更快，人们能在第一时间了解信息，表达想法……"

（续表）

范畴	概念	原始访谈记录中的代表性语句
B 可见性	b1 可见性	b11 **可见他人**："……通过社交媒体我能看到我身边的人有没有转发……""……在社交媒体上看到别人都在转发，为需要帮助的人提供帮助，我会想自己也应做一个有责任感的人" b12 **他人可见**："……在社交媒体上，特别是在各种交流群中，大家都能看到你是不是积极地去帮助别人了……"
C 可联系性	c1 熟人的可联系性	c11 **熟人的可联系性**："……社交媒体使我可以与朋友、家人沟通突发公共卫生事件发生期间的相关话题，联系变得更为紧密……"
	c2 被帮助对象的可联系性	c21 **被帮助对象的可联系性**："……微信主要是看转发朋友圈的一些求助信息，和朋友聊天，问问他们的现状……"
D 群体认同	d1 网络群体认同	d11 **线上归属感**："……在微博中参与这样的行为实际上给了我一种归属感……家庭群，还有单位群都会去转发求助信息，单位在群里发起的捐款我也参与了，主要是能够得到一种归属感、满足感……""……我在我的朋友圈、校友群看到大家都在转发我们学校一位同学的求助帖子，大家还在群里组织捐款，其他人也很踊跃地参与……"
	d2 事件相关认同	d21 **事件相关认知**："……作为社会的一个个体、一部分，我希望能参与其中，以此表达我对事情的关心……""……因为我是中国人，我们国家有难，我们老百姓一样要尽一点责任，这是应该的……""面对这样的事件，我们是一个共同体，只有共同面对，才可能战胜……" d22 **事件相关评价**："……我们的国家和人民紧紧团结在一起，积极抵御灾难，各界人士纷纷捐款捐物……"
E 亲社会自我认同	e1 亲社会自我认知	e11 **身份**："……如果自己正能量满满，是个有爱心的公民，身边人会以你为荣……"
	e2 亲社会自我评价	e21 **责任感**："……微观层面上也会继续督促着我在社交媒体平台或者其他渠道上参与亲社会行为；我觉得自己是一个有责任感的人，我会有意识地去参与……"
F 网络共情体验	f1 网络情感共情	f11 **感动**："……社交媒体平台上有很多关于突发事件的新闻报道或者网友发布的内容，如救援人员、受害者、求助者等，很多内容让我很感动……" f12 **感受他人情绪**："……在社交平台上看到许多在灾难中没有挺过来的人，都没有办法见到家人最后一面，而我们只能给这些痛失亲人的陌生人一些言语上的安慰……"

（续表）

范畴	概念	原始访谈记录中的代表性语句
F 网络共情体验	f2 网络认知共情	f21 **理解**："……假设我就是这个求助者，在自己无能为力之后向社会求助，如果人人都能从求助者的角度考虑，捐献一份自己的力量……" f22 **关注**："……记得之前我在刷微博的时候，看到过关于一个小女孩的父母都生病了，家里只有她一个人的画面，我觉得她幼小的心灵一定是极度无助的……"
G 自我效能感	g1 自我效能感	g11 **能力**："……在社交媒体上参与亲社会行为并不会花太多时间，在自己能力范围内给别人提供的帮助有限，但是有人去做就可以了……""……只需花费少量的时间、精力，或者说时间和精力都是可控的，而操作也很简便……""……我觉得如果在自身能力更强、知识储备量更大的情况下，我可以帮助更多人，参与更多……""……技术门槛低，最简单的内容只需最基本的拍摄（录制）、剪辑就可以发布、传播……" g12 **效果**："……我觉得我也可以参与进去，一个人的力量虽然渺小，但点滴汇聚成江海就可以帮助别人……"
H 亲社会参与	h1 亲社会参与	h11 **爱心行动**："……参与得还挺多、挺频繁，比如在线参加一些爱心活动，转发哪里缺物资的信息……" h12 **网络贡献**："……我们还制作了一些视频发到微博上，主要是关于如何防护的一些知识，还有科普知识，目的是让人们科学地应对……" h13 **情感支持**："……为正能量的信息点赞、转发，转发一些有趣的视频，希望大家积极地去面对……"

3.2.2 主轴编码：主范畴提炼

通过开放编码提取若干概念与范畴，但这些概念之间的关系仍然是隐蔽的，这就需要分析范畴之间的关系，形成和提炼更高抽象层次的范畴，并在此过程中确定范畴的性质和维度，这一过程即主轴编码。主轴编码的主要目的在于，通过将开放性编码得到的概念或范畴进行连续的比较，并加以合并、类聚，使这些概念与范畴更加具有指向性和理论性，最后发展和建立概念与概念之间的各种关系。在主轴编码阶段，我们主要以开放编码中得到的八个范畴为轴心来找寻各范畴之间的关联性。以主轴编码形成的新范畴为主范畴,以在开放编码阶段形成的范畴为副范畴,我们共计提炼出三个主范畴,其范畴关系及内涵如表 3-4 所示。

表 3-4 范畴之间的关系及内涵

主范畴	副范畴	范畴关系的内涵
社交媒体可供性	丰富性	社交媒体在突发公共卫生事件中为用户参与提供潜在的信息负载,包括有价值的信息内容与参与方式负载,强调的是社交媒体从内容与参与方式上促进共享意义的能力
	可见性	突发公共卫生事件中社交媒体提供的在线参与对其他用户可见的能力,从而使用户感知到参与空间的透明度
	可联系性	突发公共卫生事件中社交媒体为用户在线参与提供的能够与其他用户进行社交联系的能力
自我决定感	群体认同	在突发公共卫生事件中用户个体认识到他属于与事件相关的特定社会群体,并以群体成员的身份定义自我
	亲社会自我认同	社交媒体用户个体对自身所具有的亲社会品质(如慷慨、有责任感、乐于助人)的描述
	自我效能感	社交媒体用户个体对亲社会参与的信念和预期,是其对个体亲社会参与行为能力的判定
	网络共情体验	社交媒体用户参与在线信息传播过程中所产生的对他人情绪的理解与识别,以及对他人情绪的感受和体验
亲社会参与	亲社会参与	社交媒体用户通过发布、转发、评论、互动及微捐款等方式参与的与突发公共卫生事件相关并旨在使他人或群体受益的积极、友好行为

3.2.3 选择编码:典型逻辑关系

选择编码是扎根理论的落脚点,它建立在开放编码与主轴编码过程对范畴已经形成明确认识的基础上,其目的主要是挖掘核心范畴。通过此过程系统地处理其他范畴与核心范畴之间的联系,并采用故事线的典型关系结构对整体资料所涉及的现象或事件进行描述,将核心范畴与主范畴、主范畴与主范畴之间的联系整合起来,从而构建实质性理论框架。

在确定核心范畴之前，我们带着"各主范畴之间有什么关系""什么主题能够将所有主范畴所表达的含义进行整合""整体资料的中心位置是什么"这几个问题，对开放编码与主轴编码的结果进行反复回顾。通过将上一阶段编码得到的主范畴进行联结与整合，最后确定"突发公共卫生事件中用户亲社会参与行为机理"能够统领这些主范畴，即以突发公共卫生事件中用户亲社会参与行为机理作为核心范畴来联系社交媒体可供性、自我决定感、亲社会参与这三个主范畴。

在对核心范畴与主范畴之间的关系进行关联时，我们通过对质性资料中有关主范畴之间关系的表述，并结合第 1 章文献综述部分对亲社会行为、网络亲社会行为影响因素的回顾，即亲社会行为受个体心理动机所驱动，相关动机诸如实现社会角色期望、遵从社会规范、道德原则、乐趣、利他、社交、形象声誉等。比对在扎根理论中得到的主范畴，自我决定感所包含的范畴与亲社会行为的动机相关，因而我们将自我决定感这类个体心理因素与突发公共卫生事件中用户亲社会参与直接关联。自我决定感（包括亲社会自我认同、群体认同、网络共情体验、自我效能感）作为个体心理因素，是突发公共卫生事件中社交媒体用户亲社会参与的直接动因，访谈材料中被访者也主要表述了此类因素对亲社会参与的直接影响。根据对质性材料的进一步挖掘，各主范畴之间的典型关系结构与自我决定论所主张的人的行为是由个体心理所引起的逻辑相符合。

社交媒体可供性，即突发公共卫生事件中社交媒体对用户个体行动者而言所能"承受"的行动可能性，或者将其理解为突发公共卫生事件中社交媒体为用户亲社会参与所提供的机会，主要包括丰富性、可见性、可联系性。它为社交媒体用户亲社会参与创造了可能，因而能够促进突发公共卫生事件中的用户亲社会参与行为。那么，如果将社交媒体可供性作为用户亲社会参与行为的主要源头，它将为用户亲社会参与提供机会和条件。

沿着这一思路，我们继续扎根访谈资料，力求从中寻找主范畴之间关系的相关表述与证据。在扎根的过程中，上述主范畴之间的关系也越来越明朗。最终，根据对主范畴与核心范畴关系的探索，我们得到的核心范畴之间的典型关系结构主要包括：（1）在突发公共卫生事件中，可见性、丰富性、可联系性等社交媒体可供性影响了用户亲社会参与；（2）社交媒体可供性对群体认同、亲社会自我认同、网络共情体验、自我效能感等自我决定感具有影响；（3）自我决定感对用户亲社会参与具有影响；（4）社交媒体可供性通过群体认同、亲社会自我认同、网络共情体验、自我效能感等自我决定感来影响用户亲社会参与。根据对质性材料的进一步挖掘，各主范畴之间的典型关系结构与自我决定论所主张的人的行为是由个体心理所引起的逻辑相关基本上相符合。

主范畴之间的典型关系探索与材料举例如表 3-5 所示。

表 3-5　主范畴之间的典型关系探索与材料举例

典型逻辑关系	关系内涵	表述举例
社交媒体可供性—自我决定感	社交媒体可供性能够影响自我决定感	丰富性—群体认同。"在短时间内将这场灾难遏制住，与全国人民上下一心是分不开的，相比其他国家，我真的觉得作为一名中国人是幸福的，也是值得骄傲的……" 可见性—亲社会自我认同。"在社交媒体上看到别人都在转发，为需要帮助的人提供帮助，我会想到自己也应做一个有责任感的人" 丰富性—网络共情体验。"社交媒体上有很多关于突发事件的新闻报道或者网友发布的内容，如救援人员、受害者、求助者等事迹，很多内容让我很感动……"
自我决定感—亲社会参与	自我决定感是突发公共卫生事件中用户亲社会参与的内在动因	群体认同—亲社会参与。"作为社会的一个个体、一部分，我希望能参与其中，因为不能直面对。通过这些行为才能表达出我对事情的关心……" 亲社会自我认同—亲社会参与。"作为一个有社会责任感的人，在突发公共卫生事件中应当传递正能量，尽可能地帮助有需要的人，虽然不能到现场，也能贡献一份自己的力量……" 自我效能感—亲社会参与。"这主要是由于为他人提供帮助或者积极参与并不是一件难事，对自己来说并不会花费太多时间，同时还确实能够帮到别人……"
社交媒体可供性—自我决定感—亲社会参与	社交媒体可供性通过自我决定感对突发公共卫生事件中用户亲社会参与产生影响	可见性—亲社会自我认同—亲社会参与。"微博上看到大家都在参与捐款，还有媒体也在宣传鼓励一些正能量的行为，看到整个社会正能量满满，我觉得自己也是一个有社会责任感的人，所以也参与了……" 丰富性—群体认同—亲社会参与。我每天都会花时间关注这件事，在做好自己的同时，也会力所能及地去帮助别人，提醒别人注意……"

3.2.4　扎根理论的信度与效度

尽管扎根理论研究不要求采用数理统计来验证研究的信度与效度，但信度与效度仍然是其需要考虑的问题。

首先，我们通过研究所发现的突发公共卫生事件中用户亲社会参与行为机理主范畴之间的逻辑关系结构基本符合自我决定论的理论观点，该理论对个体行为具有良好的预测性，并经过了大量经验验证。这在一定程度上表明本研究的发现具有一定的理论和经验基础，其效度较好。

其次，就研究过程而言，我们采取的扎根理论研究严格依从相关研究策略。在研究对象上遵循理论抽样原则，确保了研究对象的适当性。在访谈设计与采访过程中，在参考相关文献与咨询学者、社交媒体资深用户的基础上，对访谈提纲进行多次修订，力求能够获取满足研究目的的一手资料。参与访谈的调查人员为一位传播学专业副教授和三位传播学硕士，在访谈之前，他们对研究目的、所涉及的专业术语、访谈注意事项、资料记录等内容进行了深度交流；对所有从采访中得到的数据进行专门归档，以便于反复查验。此外，在编码过程中要严格遵循成熟的质性数据编码和分析范式。

最后，我们通过三次编码确定了核心范畴及主范畴之间的逻辑关系结构，同时按照扎根理论对理论饱和的要求，进行理论饱和度检验，这样做的目的在于决定是否需要进行新的抽样以补充新的资料。扎根理论的理论饱和度检验的目的在于验证是否会出现新的范畴。为此，我们对访谈文本中剩余的 20% 的个案资料继续进行编码分析。通过编码，我们发现在剩余的 8 份访谈文本中没有出现新的概念、范畴及关系，这说明核心范畴已经达到理论饱和。以上都确保了本研究扎根理论部分所得到的研究结果具有良好的信度和效度。

3.3　影响因素析出与作用机理

3.3.1　故事线及机理框架搭建

根据扎根理论研究结果,我们认为突发公共卫生事件中社交媒体用户亲社会参与行为过程涉及的影响因素包含社交媒体可供性、自我决定感两个主范畴。根据可供性理论,可供性是社交媒体为用户在线参与提供的机会和可能,同时个体对这种机会能够承载的行为的可能性已产生知觉反应。我们通过扎根理论得到的社交媒体用户亲社会参与行为的可供性包括丰富性、可见性和可联系性。

自我决定感表明个体行为是个人自主决定的,其行为目的是满足某些心理需要。我们通过扎根理论得到的与突发公共卫生事件中用户亲社会参与相关的自我决定感包括用户在突发公共卫生事件中的群体认同、亲社会自我认同、网络共情体验、自我效能感。

在选择编码中确定"突发公共卫生事件中用户亲社会参与行为机理"这一核心范畴后,我们以"故事线"的形式将上述范畴之间的关系描绘出来。在围绕"突发公共卫生事件中用户亲社会参与行为机理"这一核心范畴的"故事线"内,突发公共卫生事件中社交媒体用户的亲社会参与的行为后果直接影响用户个人的自我决定感,而自我效能感、网络共情体验、群体认同、亲社会自我认同是用户决定能否进行亲社会参与的内在动力。社交媒体可供性为用户亲社会参与创造了可能,并主要通过促进用户自我决定感的形成和发展,影响用户做出是否进行亲社会参与的决定。

通过对主范畴之间逻辑关系的探索及上文对故事线的梳理,我们发现突发公共卫生事件中用户亲社会参与行为机理主范畴之间的关系符合自我决定理论的主张。自我决定理论强调个人是积极的有机体,主张环境对个体行为的激励与改变具有重要的指导价值。自我决定就是个体行为者在对环境信息和自我内在需要充分认知基础上所做出的自主性选择。

基于这一"故事线",我们发现在可供性理论视角下,突发公共卫生事件中用户亲社会参与行为机理主要源于社交媒体所提供的丰富性、可见性及可联系性,而社交媒体可供性可以促进用户自我效能感、群体认同、亲社会自我认同、网络共情体验等自我决定感的形成或发展,并通过自我决定感最终影响亲社会参与。

研究表明,在突发公共卫生事件中,社交媒体为用户亲社会参与提供了有别于线下环境的机会,它是用户亲社会参与的典型平台。社交媒体主要从丰富性、可联系性与可见性三个方面为亲社会参与行为提供机会,而这些机会又为个体自我决定感的形成或发展创造了条件,自我决定感正是用户亲社会参与的直接动因,它决定了用户是否进行亲社会参与。

可见,在本书研究情境下,突发公共卫生事件中社交媒体用户亲社会参与行为是"社交媒体可供性—自我决定感—亲社会参与行为"的系统化过程。根据以上研究结果,我们搭建了突发公共卫生事件中用户亲社会参与的初步理论框架,具体如图 3-2 所示。

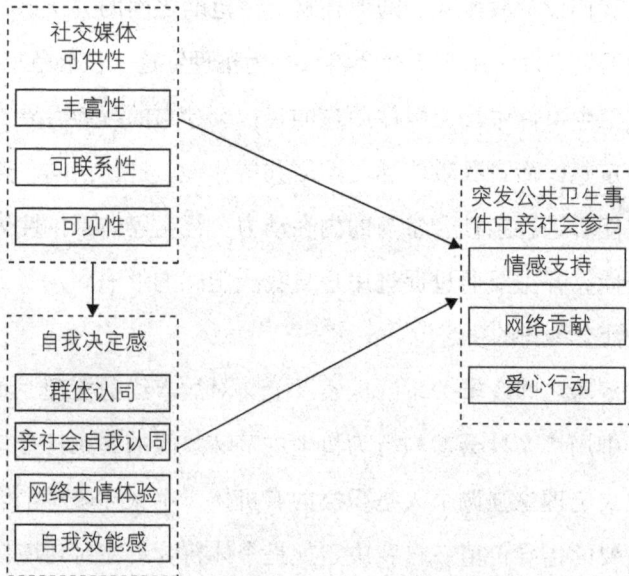

图 3-2　基于扎根理论的行为机理框架

3.3.2　影响因素阐释

3.3.2.1　社交媒体可供性

可供性指一种技术可以采取的行动的可能性，是技术与用户之间的多方面关系结构，不仅包括技术的物质特征，还包括使用技术的人及使用环境之间的相互关系。赖斯认为，媒介可供性是在特定背景下，行动者所感知到的能够使用媒介展开与其需求或目标有关行动的潜能与媒介潜在特性、能力及约束范围之间的关系。由于本研究关注的是社交媒体用户在突发公共卫生事件这一特定背景下的亲社会参与行为机制问题，因此我们主要考察的是对用户而言，社交媒体在突发公共卫生事件中为其亲社会参与行为目标所提供的可能性。

通过对访谈资料进行深入整理、编码与分析，在借鉴上述研究成果的基础上，我们将社交媒体可供性定义为社交媒体在突发公共卫生事件中为用户亲社会参与行为所提供的可能性。值得注意的是，社交媒体可供性虽然是一个与技术相关联的概念，但它并不是"技术"或"技术能力"。它与社交媒体的技术能力不同，技术能力是客观的、不可变的，但这种可供性却与个人行动目标相关联，正如有学者指出的相同的技术能力可能为不同目标的个人提供不同的能力（Wang，et al.，2020）。根据前文对访谈资料进行扎根理论研究的结果，结合现有研究文献，我们将社交媒体可供性分为丰富性、可见性和可联系性。

1. 丰富性

本书相关模型中涉及的丰富性指的是对用户而言社交媒体在突发公共卫生事件中潜在的有价值的信息负载，包括有价值的信息内容与参与方式负载。丰富性的概念源于达夫特和伦格尔（Daft and Lengel，1984）提出的媒体丰富度理论主张，传播媒介在促进受众理解方面具有差异化的能力。已有研究表明，媒体渠道所具有的客观特征并不是衡量丰富度的唯一方法（Kock N.，2005），个人会根据自身的使用过程及其在使用中对能力和经验的获得而对媒体丰富程度做出反应，因而丰富性可作为对社交媒体可供性某一方面的理解。有学者将丰富性作为社交媒体可供性的一个重要方面，探讨了其对用户参与的影响（Shao，Pan，2019）。本节借媒体丰富性的概念来标识和解释（在深度访谈中）被访者所回应的社交媒体在突发公共卫生事件中提供的有价值的信息内容、参与方式等信息负载水平。例如，一方面，被访者认为社交媒体呈现了大量有关突发公共卫生事件的求助信息，使其能够更清楚地了解他人的需求，同时社交媒体也提供了与突发公共卫生事件相关的官方信息、科普知识、媒体新闻报道等多种信息内容；另一方面，被访者认为在线参与方式的多样化使其更愿意通过社交媒体参与亲社会行为，包括能够对用户亲社会参与给予空间上的灵活性、即时性，使他们能够即时、便捷地通过在线的方式做出响应等。

2. 可见性

可见性在这里所指的是对用户而言，社交媒体在突发公共卫生事件中提供的在线参与行为对他人可见的可能性。可见性是社交媒体研究中受研究者普遍关注的一种可供性，本研究在扎根理论中也发现了可见性的存在。丹尼尔（Daniel，2013）在探讨新媒体与公共空间的问题时认为，媒体能够赋予个体、事件、群体、争论以可见性。这主要指的其实是个体能否被他人看见并获得注意力的权利问题。这与杰里米·边沁、福柯有关"全景敞视监狱"的观点类似。从这一视角来认识可见性，它是媒介赋予个人的一种权力，那么媒介就是赋权主体，能够为个人提供可见性这一权力。社交媒体的研究者将可见性作为社交媒体可供性的一个重要方面，并将可见性定义为社交媒体让个体行为、知识、偏好和沟通网络能够被组织中的其他人看到。本节通过可见性的概念来理解社交媒体用户在突发公共卫生事件中，个体参与行为与沟通网络能够对他人在线可见，这既包括个人能够看到他人的在线参与信息，也包括自己的参与信息能够被他人可见。这一概念实际上是基于社交媒体的在线场景，侧重于从信息透明度的角度体现社交媒体技术对个体亲社会参与的影响。

3. 可联系性

可联系性是指对用户而言，社交媒体在突发公共卫生事件中为用户参与提供的与其他用户之间建立沟通联系的可能性。在扎根理论研究中，我们发现，突发公共卫生事件中的社交媒体使用户能够与家人、朋友、想要关心的人及更多其他用户建立或保持联系，从技术上为其提供联系与沟通的可能性。在以往关于企业社交媒体的研究中，有研究者提出可联系性这一可供性类型，用以强调用户与用户、用户与社交媒体内容之间的关联。此外，与之类似的概念还有社交关联（social connection），如董雪艳（2018）认为社交关联是指社交媒体提供的建立或维持社会关系的潜力，能让用户参与互惠商业关系。相比企业社交媒体可联系性对用户与社交媒体内容之间关系的关注，以及可联系性对用户与社交媒体之间商业关系的强调，本节在扎根理论研究中根据访谈材料得到的可联系性强调，在突发公共卫生事件这一具体环境中，社交媒体用户与其他用户之间沟通关系的建立，即是否能够与其想要联系的用户进行在线联系。

3.3.2.2 自我决定感

自我决定感源于瑞安和德西提出的自我决定理论。在该理论中，自我决定的概念内涵指个人在对外部环境信息与自身需求充分知悉后针对自身行为做出的某种自主性选择。国内心理学研究者刘海燕认为，自我决定就是一种关于经验选择的潜能，即在充分认识个人需要和环境信息的基础上，个体对行动所做出的自由选择。作为自我决定理论的分支，基本心理需求理论更为明确地指出了三种个体基本心理需求，即自主感、能力感和归属感，并认为它们是行动者决定从事或不从事某项任务的相关感知，能够很好地解释人们为什么从事某种行为或活动。本节通过扎根理论发现，突发公共卫生事件中社交媒体用户亲社会参与行为具有较强的自我决定特征，即用户基于对自我需求与外部环境的感知而参与。综上所述，不难理解自我决定感在本节中的内涵，它所指的是激发、维持和调节社交媒体用户自由地在突发公共卫生事件中亲社会参与的内在动力，是用户对外部环境与自我需求的感知，具体而言包括群体认同、亲社会自我认同、自我效能感和网络共情体验四个维度。

1. 群体认同

从扎根理论的编码结果可以看出，群体认同与亲社会自我认同都是突发公共卫生事件中社交媒体用户亲社会参与的重要前因。群体认同一方面可以使自己与他人区分开来，另一方面也可以使自己符合一个人所属社会群体的价值观、信念和行为。本研究发现，被访者在阐述关于亲社会参与的前因时，他们对自身属于群体的认知和描述是一个重要因素，其中包括与事件相关的认同，比如在突发公共卫生事件中，作为事件共同体中的一员的认识，以及与社交媒体网络相关的认同，如对自己所属网络社群的认识。前者指社交媒体用户对个人作为突发公共卫生事件中的一员，与所有群体成员命运相系的共同体意识，可理解为事件共同体认同。后者主要指作为社交媒体网络成员给其带来的情感和价值意义。

2. 亲社会自我认同

自我认同与个人如何描述自己相关，而这种描述往往又与某一特定行为关联。本节在影响机理模型中涉及的亲社会自我认同，主要指的是社交媒体用户对自我所具有的亲社会品质的自我认知，并根据这些品质来描述自己，是个体所持有的有关其亲社会特质的心理表征和亲社会自我的认知图式，即自我在多大程度上认为自己是具有亲社会特征的人。相关的亲社会品质包括慷慨、乐于助人、友好、积极等。亲社会自我认同与道德认同相似，"道德"也可以代表同情、慷慨和仁慈等更广泛的美德领域，它们是与道德认同相关的特征。

本节通过扎根理论发现，在突发公共卫生事件中亲社会参与的用户表现出了明显的亲社会自我认同，这种亲社会自我认同主要聚焦于个体对自我亲社会品质、亲社会形象的认识与心理归属上，并与亲社会行为这类特定行为相关联。因此，我们认为亲社会自我认同即个体对自身所具有的亲社会品质，如慷慨、有责任感、乐于助人的描述，是个体的自我分类与心理归属，其强调的是自我亲社会身份与参与行为之间的联系。例如，个人认为"我是一个有责任感的人""我是一个乐于助人的人"。值得注意的是，学者对亲社会自我认同的认识存在两种取向，一是从人格心理学视角来看，亲社会自我认同是稳定的人格特质，二是从社会心理学视角强调亲社会自我的易变性，它更加关注情境对亲社会自我认同带来的影响。

3. 自我效能感

自我效能感是指突发公共卫生事件中社交媒体用户对亲社会参与行为的信念和预期，是其对个体亲社会参与行为能力的判定，简言之，即用户个人认为自己有足够能力进行亲社会参与的程度及其对亲社会参与结果的预期。班杜拉（Bandura，1977）在社会认知理论中提出的自我效能感，是指个人对自我能顺利实行某种行为的信念和预期，是对特定能力的一种判定。自我效能感与个人对感知到的目标任务难易程度、熟悉度，以及完成任务所需的能力的判断有关。我们通过扎根理论研究发现，在突发公共卫生事件中，社交媒体用户对亲社会参与行为的难易程度、对自身参与亲社会行为的信心程度，以及亲社会参与能够带来的影响程度，是被访者回应影响其在社交媒体中在线进行亲社会参与的重要方面。

4. 网络共情体验

网络共情体验主要是指个人在社交媒体上参与在线信息传播过程中所产生的对他人的共情。共情（empathy）由美国心理学家铁钦纳（Titchener）于 1909 年从德文翻译得来，意为体会他人的感觉与情感状态。戴维斯（Davis，1994）认为共情既包括认知成分又包含情感成分，认知方面与一个人识别和理解另一个人情绪的能力有关，情感方面与一个人体验另一个人情绪的能力有关。当前，互联网已经成为共情体验频繁发生的重要场所。根据本书的编码结果，我们认为突发公共卫生事件中社交媒体用户的在线共情体验是影响其亲社会参与行为的一个重要因素。所谓网络共情体验，主要指个人参与在线信息传播过程中所产生的共情，包括认知成分及情感成分。认知共情主要描述个人在互联网上对他人情绪的理解与识别。情感共情主要描述的是个人在互联网上对他人情绪的感受和体验。本节对访谈资料的扎根理论研究也表明，在突发公共卫生事件中，社交媒体用户的网络共情体验既包括用户对事件中的人的心理或情绪的察觉、理解和认识，同时也包括用户对互动对象或关注者的心理或情绪的主观感受，并且个人会受这种主观感受的影响。

第 4 章

用户亲社会参与行为机制模型
构建与研究假设

第 3 章通过扎根理论探索性研究析出了突发公共卫生事件中社交媒体用户亲社会参与行为影响因素，通过对影响因素之间关系的初步辨识得到了一个行为机理的理论框架。由于该框架建立在理论抽样而获取的质性数据的基础上，其是对研究问题的描述性和框架性回答，因此不仅其普适性需要进一步检验，各变量之间的具体关系也需要通过研究来进行进一步检验。同时，在用户亲社会参与行为机理的决策过程中，哪些因素起到的作用更大，也需要通过定量的实证研究给予回应。为了回答这一问题，本章首先将第 3 章中得到的机理框架融合到经典理论之中，以构建本研究的理论模型，其次根据扎根理论研究结果和相关文献提出本章研究假设。

4.1　理论模型的构建

我们在第 1 章对个体行为理论的代表——自我决定论进行了理论回顾，并讨论了它在本研究情境中的适用性。同时，我们通过对扎根理论的研究发现，突发公共卫生事件中用户亲社会参与机理符合"自我决定理论"的主张，即在被访者回应的有关亲社会参与行为的主要原因中，与心理需求相关的机体内在状态是最重要的动因，该理论能够解释突发公共卫生事件中社交媒体用户亲社会参与的心理机制。

尽管自我决定论认为个体行为过程中除心理因素外，也有环境因素的影响，但并没有对其进行深入总结和分类。对此，研究营销领域的动机（Motivation）- 机会（Opportunity）- 能力（Ability）（M-O-A）理论和环境心理学的刺激（Stimulus）- 机体（Organism）- 反应（Response）（S-O-R）理论进行了专门的解释。首先 M-O-A 理论为个体行为提供了一个解释框架，M-O-A理论的提出者麦金尼斯等人（MacInnis, et al., 1989）认为，行为是由个人动机、外部机会、个体能力三方面所驱动的。其中，机会促进或阻碍特定行为是情境因素，在行为产生过程中起着非常重要的作用。M-O-A 理论被广泛应用于解释不同领域中的各种行为，也包括对社交媒体参与度的研究。本书所探讨的社交媒体可供性本身所表征的就是，突发公共卫生事件中社交媒体为用户亲社会参与提供的可能性与机会。根据 M-O-A 理论的主张，社交可供性作为行为机会能够直接促进亲社会参与行为。

但不得不承认，M-O-A 理论只强调了动机、机会、能力对行为的解释，却没有关注某些机会是否会直接影响动机，即没有探讨机会与动机之间的关系，仅仅将其作为影响行为的不同因素来考察，因而对于社交媒体可供性与自我决定感之间的关系还需要一个理论进行阐释。

环境心理学主张的 S-O-R 理论更为关注外在因素对个体内在状态的影响。该理论框架描述的是环境因素对个体行为的影响机制，强调个体受环境因素刺激后能够激起其内在的机体状态，包括个体的情感与认知，从而使个体产生反应，促进行为的发生。在 S-O-R 理论主张的个体行为影响机制中，环境因素是前因，机体状态是中介，行为反应则是结果，其核心逻辑在于机体状态因受外部因素的影响而导致行为的产生。

鉴于以上分析，本节将 M-O-A 理论、S-O-R 理论、自我决定论相结合，并将其融入突发公共卫生事件中社交媒体用户亲社会参与行为机理的理论框架，从而建构成一个系统化的理论模型（见图 4-1）。

结合上述理论观点，在所建构的理论模型中，社交媒体可供性既是行为的前因，同时也能够对机体的内在状态产生影响，而机体的内在状态则是行为产生的直接动因。值得注意的是，本节建构的理论模型与 S-O-R 理论在结构上有一定相似性。

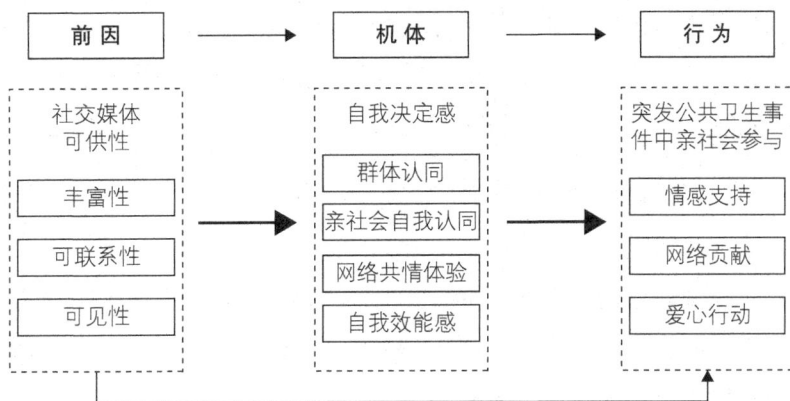

图 4-1　本研究的理论模型

S-O-R 理论描述的是环境因素对个体行为的影响机制，强调个体受环境因素刺激后能够激起其内在的机体状态，包括个体的情感与认知，从而使个体产生反应，促进行为的发生。本节的理论模型与 S-O-R 理论将环境外因简单作为一种刺激的主张不同的是，本节认为社交媒体可供性并非一种简单的刺激因素，而是作为一种前因存在，它本身与技术、环境相关，同时也与个体对技术、环境能为其行为提供可能性的知觉相关。作为前因，它为机体状态的发展和变化及后续的行为后果提供了机会、创造了可能。

可供性强调的是在突发公共卫生事件中社交媒体线上环境为用户参与所提供的可能性，它涉及社交媒体外在的技术特性，同时又包含用户对这些特性能够为其在线参与提供各种可能性的知觉。因此，可供性作为社交媒体为用户亲社会参与所提供的可能性或机会对其后续的参与活动产生影响，本节将社交媒体可供性作为行动前因。

自我决定感则属于包含认知与情感的机体内在状态，其中群体认同、亲社会自我认同强调的是个人的群体归属感和自我亲社会特质的认同感，网络共情体验强调的是自我对他人的情感理解与认同，自我效能感则是自我对行为的信念和预期。自我决定理论强调个人的积极性，而自我决定就是行为者基于对个人需要及环境信息的充分认识所做出的自主性选择。

因此，本节所建构的理论模型中亲社会参与作为自我决定感（O）的结果，而社交媒体可供性作为一种与技术环境及个人行为相关联的因素，它不仅为参与行为提供了机会，作为前因（S），它还为自我决定感在社交媒体线上空间得以形成或发展提供了条件。可见，本节的突发公共卫生事件中的社交媒体用户亲社会参与行为机制模型是一个整合了"媒介技术－人的关系"与"社会心理因素"的理论模型。

该行为机制模型反映了在突发公共卫生事件中，社交媒体为用户亲社会参与行为提供了可能，具体的可供性包括社交媒体的丰富性、可见性、可联系性。而社交媒体可供性作为一种结合了"技术－人"之间关系的因素，它在用户使用过程中产生意义并作用于自我决定感，包括群体认同、亲社会自我认同、网络共情体验和自我效能感，继而在相关因素共同作用下使用户亲社会参与行为得以发生和发展。

4.2　研究假设的提出

4.2.1　社交媒体可供性与自我决定感关系假设

4.2.1.1　社交媒体可供性与群体认同关系假设

米德（Mead，2005）认为，认同是主体选择性与社会关系互动的结果，主体通过融入社会团体并与其他团体成员进行互动才能形成个人认同。布里塞特等人（Bissett，et al.，2005）的观点同样如此，他们认为人与人在互动中创造和分享自我……出现在他人面前就是使自己参与到互动过程中，这表明认同的形成有赖于参与互动的其他人。按照他们的观点，认同实际上是通过互动而建构的，并且在不断与他人交互的过程中得以发展。社交媒体为突发公共卫生事件中用户在线活动提供了随时随地连接、有价值的信息与参与方式负载、社会联系、参与对他人可见等多种可能性，这些可供性一方面有助于用户在线持续互动，另一方面还能强化社会规范，因而可能对群体认同产生促进作用。

丰富性对群体认同的影响可能体现在两方面，一方面是有价值的信息内容负载对社会规范的强化，另一方面是参与方式多样性对个人与社会互动的促进。特纳等人（Turner，et al.，1987）在社会认同理论中指出了认同形成过程，涉及社会归类、社会比较和积极区分。社交媒体信息丰富性也强调了社交媒体对突发公共卫生事件中亲社会参与所提供的有价值的信息内容的负载水平。社交媒体承载的信息内容中包含大量主流媒体的新闻报道及其他信息来源所发布的正能量内容。这些信息往往通过集中、重点宣传突发公共卫生事件中的人物或事件来塑造榜样人物或形成某种社会规范，以影响受众的社会归类、社会比较和积极区分的过程。

社交媒体信息丰富性强调了社交媒体提供的参与方式的负载水平。有些学者认为，人们对渠道丰富程度更高的看法可能会使沟通更有效，这有助于认同的形成与发展。

社交媒体提供的可联系性能够在突发公共卫生事件中为用户带来更多的人际交往，维持并发展人际关系。根据社会认同理论，网络中的人际交往能够促进用户对线上社区产生情感归属及身份认知，从而有助于群体认同的形成与发展。

可见性提供了一种有如埃里克森和凯洛格（Erikson and Kellogg，2000）提出的"社会透明度"的互动环境，在这个环境中，个体参与行为和行动网络是公开的，这就使得用户在亲社会参与的过程中，可以观察他人的参与活动，从而有助于对社会规范的内化，进而影响群体认同。如有被访者回答道："我在我的朋友圈、校友群看到大家都在转发我们学校一位同学的求助帖子，大家还在群里组织捐款，其他人也很踊跃地参与……"（d11）另外，研究企业社交媒体知识共享的埃利森等人（Ellison，et al.，2015）直接指出，社交媒体可见性使个体的工作信息和现有的社交网络更加透明，这可以增强组织内成员的身份认同。

结合已有文献中提供的有关社交媒体可供性与社会认同关系的证据及本研究质化研究中得到的访谈数据，笔者提出以下假设。

- H1：突发公共卫生事件中社交媒体可供性影响用户群体认同。
- H1-1：突发公共卫生事件中丰富性影响用户群体认同。
- H1-2：突发公共卫生事件中可联系性影响用户群体认同。
- H1-3：突发公共卫生事件中可见性影响用户群体认同。

4.2.1.2　社交媒体可供性与亲社会自我认同关系假设

亲社会自我认同是社交媒体用户个人所持有的有关其亲社会特质的心理表征和亲社会自我的认知图式，这些亲社会特质包括慷慨、乐于助人、友好、积极等。社会心理学认为亲社会自我认同是易变的，会受情境的影响。根据社会认知理论，亲社会自我认同与道德自我图示相关联，道德自我图式是一种可以被情境变异性激活的心理知识结构（Hardy, et al., 2011）。研究者已经提供了社交媒体情境中亲社会自我认同得到发展的证据，如有研究发现，社交媒体的使用可能会影响大学生的道德发展，尤其是道德思维和道德认同。此外，还有研究结论指出，用户通过在人际互动中实现社会交往，有利于维持和提升个人自尊，以实现自我确认（Leary, et al., 1990），而正如前文所分析的可联系性等社交媒体可供性能够在突发公共卫生事件中为用户带来更多的社会交往的机会。

詹姆斯等人（James et al., 2020）通过实证研究发现，道德认同的高度象征性与在线参与之间存在强烈的正相关关系。社交媒体可供性本身就是社交媒体为用户参与所提供的各种可能性，能够促进用户在网络社区中的参与活动，同时它也为用户在线进行亲社会行为提供了可能。因此，社交媒体可供性可以从提供亲社会行为机会，以及促进在线社区参与活动的角度来鼓励与激活用户的亲社会自我认同。

当然，可供性除了通过提供行为的可能性来鼓励用户参与外，还能使用户以自我定义的方式来进行自我呈现，通过提供丰富的探索机会允许人们澄清自我的身份，因而在塑造个人如何体验、表达和发展其社会身份方面，社交媒体可供性也起着至关重要的作用，诸如社交媒体的可见性。可见性与自我表现紧密相关，因而有助于亲社会自我认同。另外，笔者在访谈中也获得了社交媒体可供性能够直接影响被访者亲社会自我认同的数据。如有被访者如是回答："……在社交媒体上看到别人都在转发，为需要帮助的人提供帮助，我也会想自己要做一个有责任感的人……"（b11）这表明社交媒体可能会通过提供丰富的信息内容来影响用户个人的亲社会自我认同。

结合上述已有文献中提供的有关社交媒体可供性与亲社会自我认同关系的证据，以及本研究质化研究中得到的访谈数据，笔者提出了以下假设。

- H2：突发公共卫生事件中社交媒体可供性影响用户亲社会自我认同。
- H2-1：突发公共卫生事件中丰富性影响用户亲社会自我认同。
- H2-2：突发公共卫生事件中可联系性影响用户亲社会自我认同。
- H2-3：突发公共卫生事件中可见性影响用户亲社会自我认同。

4.2.1.3　社交媒体可供性与网络共情体验关系假设

根据霍夫曼等人（Hoffman et al.，2003）的观点，网络共情体验的核心要素在于，个人对他人情绪或状态的觉察，以及对他人的替代性情感反应，它被刻在人脑中，并通过社交互动而发展。网络共情体验中的共情源于人际互动及共情对象的可及性。欧阳宏生等人（2017）认为，在信息传受双方的交互作用中共情得以发生，传者通过特定的信息符号与传播方式作用于受者，而受者则通过对信息的解码与反馈作用于传者。网络共情体验基于线上交互产生，而社交媒体为更广泛、更灵活、更直接的人际互动提供了可能。卡普兰和特纳（Kaplan and Turner，2007）指出，在线交流可以促进共情，他们认为社交媒体之类的电子通信环境可以通过在相似情况下容易且频繁地与其他人互动来促进共情。

此外，社交媒体通过内容供给、信息提供实现了共情对象的可及性，使共情对象能够被用户观察到，从而为用户对其情绪或状态的理解、情感替代提供了可能。

按照霍根（Hogan）的主张，个人觉察和理解他人处境与心理状态意味着共情已经发生。在突发公共卫生事件中，社交媒体中所包含的大量关于事件及相关者的信息内容对用户具有议程设置作用，并影响用户对事件及相关者的认知，能够使用户觉察到他人在事件中的遭遇及心理状态。如在第 3 章的深度访谈中，有被访者回应："……我从社交媒体中的各种平台看到与事件相关的求助信息，能够更好地了解别人需要什么……"（a11）从一定程度上来说，在社交媒体中只有相关信息被发布与传播，他人遭遇与心理状态才可能被其他用户察觉与认知，因此丰富性水平决定了他人遭遇与心理状态能够被人们所获知的水平。

就情感层面而言，有研究者从媒体内容情感层面的效果中发现，共情和同情是观众对媒体内容的反应。相比其他媒体，社交媒体为用户提供了更多分享、交流、表达情感的方式，这无疑为用户的在线情感体验提供了可能。如有被访者回答道："社交媒体上有很多关于突发事件的新闻报道或者网友发布的内容，如救援人员、受害者、求助者等，很多内容让我很感动……"（f11）在实证研究方面，研究者还关注了信息内容的不同表现形式对共情的影响：包含事件相关当事人或受害者自我陈述的个性化信息会使受众产生更多的共情。

此外，可联系性与可见性是社交媒体的重要特征，前者依靠直接的人际互动来实现，后者则主要通过社交媒体发布、评论、转发、点赞等自我表露功能而实现。在过去一项针对虚拟支持社交网络的研究中，研究人员发现了共情在在线讨论过程中的促进作用，特别是用户自我表露触发了更多的共情交流，而自我表露信息中包含了更多的共情反应（Pfeil, et al., 2007）。

社交媒体的可见性营造了一种有别于线下参与的具有较高透明度的互动环境。有学者曾指出互动环境对共情的影响，在一项关于青少年共情的研究中，他们发现共情通过青少年与周围环境的嵌入或联系得以产生与发展，其社交联系的强度与体验和理解他人情感状态的能力相关。当社交媒体上其他人在突发公共卫生事件中的亲社会参与行为清晰可见时，社交媒体对个人而言已经成为一个充满情感表达与亲社会行动的交往环境，在其中参与互动的用户可能会因此而产生更多的情感反应。

结合上述已有文献中提供的有关社交媒体可供性与网络共情体验关系的证据及本研究质化研究中得到的访谈数据，笔者提出了以下假设。

- H3：突发公共卫生事件中社交媒体可供性影响用户网络共情体验。
- H3-1：突发公共卫生事件中丰富性影响用户网络共情体验。
- H3-2：突发公共卫生事件中可联系性影响用户网络共情体验。
- H3-3：突发公共卫生事件中可见性影响用户网络共情体验。

4.2.1.4　社交媒体可供性与自我效能感关系假设

根据班杜拉（1989）所提出的社会认知理论，自我效能感的主要来源体现在四个方面，包括以往经验、生理或情感唤起、替代经验和社会劝导。社交媒体可供性是反映社交媒体技术与人的行为之间关系的概念，从用户主观感知的角度来看，因为用户基于社交媒体技术与以往的行为经验而感知到的社交媒体为其行为提供了可能性，所以社交媒体可供性可以从主动掌握经验的角度来影响自我效能。

在替代性经验方面，社交媒体的丰富性、可见性为用户观察他人行为提供了可能。在已有的研究中，知识与自我效能感的关系已经被证实（韦路，张明新，2008）。此外，参与方式的多样性也可能影响用户对自身亲社会参与能力的判定。如有被访者提及："支持某种观点点赞、留言评论就可以，而要把很重要的信息转发给其他人也很容易……""社交平台上的表达方式有很多，这让我觉得向他人表达关心、情感支持会更轻松。"

一方面，可见性使用户能够对自我过去的参与行为可见，从而通过对亲身经验的内化来强化个人自我效能。另一方面，可见性能够使他人的在线参与行为可见，从而提供一种替代经验的示范效应。申克（1989）将剪辑过的个人过去成功行为的录像展示给被试者，他发现选择性地监控以往亲历的成功经验可以提高自我效能感。社交媒体可见性提供了个人能够监控过往参与行为的可能，进而通过内化的方式形成比较稳定的自我图式来获得自我效能感。

同时，可见性使个人能够观察其他人的在线参与行为，这就为自我效能感的形成提供了另一种可能。如乔森（2008）所言，Facebook 有能力让人们密切观察他人，并获得众多人群的社会支持。有研究者指出，Facebook 允许个人定期观察他人，并迅速、轻松地收集许多令人鼓舞的评论。按照这一思路，他们通过对 260 名大学生（Facebook 用户）进行调查研究，结果证实了 Facebook 对自我效能感发展的独特能力。在访谈中也有被访者回应："……我觉得我也可以参与进去，一个人的力量虽然渺小，但点滴汇聚成江海就可以帮助到别人……"（g12）

可联系性强调的是用户在突发公共卫生事件中能够通过社交媒体与想要互动联系的用户进行在线联系的可能性，这必然会影响用户对亲社会参与难易水平和胜任程度的判断。而丰富性还包含参与方式的灵活性，这与用户自主性及其参与能力相关，灵活度能够让用户拥有更强的自主性，获取信息机会的增加还能提升其解决问题的能力。结合上述分析，笔者提出了如下假设。

- H4：突发公共卫生事件中社交媒体可供性影响用户自我效能感。
- H4-1：突发公共卫生事件中丰富性影响用户自我效能感。
- H4-2：突发公共卫生事件中可联系性影响用户自我效能感。
- H4-3：突发公共卫生事件中可见性影响用户自我效能感。

4.2.2 自我决定感与亲社会参与关系假设

4.2.2.1 群体认同与亲社会参与关系假设

社会认同理论主张群体过程对于认知和行为的重要作用，并且在已有研究中得到了充分的验证。社会认同理论指出，个人倾向于根据他们认为自己是群体成员来识别自己的身份，从而对个人行为决策产生影响。社会认同理论的主张在解释在线用户的积极参与方面具有适用性。

就群体认同对亲社会行为的促进作用而言，布里塞特（2010）提出了"集体主义"的观点，他认为当群体成员感受到与某一群体的合一性并产生依恋行为时，成员会自愿加强合作以提升与该群体之间的紧密度，而成员参与亲社会行为的最终目的是增加该群体的福利，这种福利一旦得到可以增强的机会，则将激发群体成员参与行动。盖尔和阿什福思（Gael and Ashforth）根据营利组织的亲社会行为的研究结果发现，当参与者对某一群体组织产生认同感时，则开始将自己视为群体的一部分，从而增强对该群体的信任和同理心，进而有效加强其在该群体中的亲社会行为。蒂德韦尔（Tidwell，2005）将社会认同理论与亲社会行为的研究扩展至非营利性组织群体成员的亲社会行为研究，结果表明，当成员对该群体认同度高时，其更有意愿参与志愿服务，并更主动地为非营利组织捐款，参与亲社会行为的程度也更高。巴尔等人（Barr, et al., 1995）的研究也佐证了成员对群体组织的认同感是成员行为的决定性因素。在本节的访谈中，被访者回答道："……作为社会的一个个体、一部分，我希望能参与其中，以此表达我对事情的关心……"（d21）基于以上分析和访谈获得的质化数据，笔者提出了如下假设。

- H5：突发公共卫生事件中用户群体认同对亲社会参与具有直接正向作用。
- H5-1：群体认同对情感支持具有直接正向作用。
- H5-2：群体认同对网络贡献具有直接正向作用。
- H5-3：群体认同对爱心行动具有直接正向作用。

4.2.2.2　亲社会自我认同与亲社会参与关系假设

亲社会自我认同是一个人对自我亲社会品质的认知与评价，与道德认同内涵相似。道德认同是将道德认知转化为道德行为的关键心理机制，因而能够对亲社会行为产生积极作用。自我一致性理论对此的解释是个体倾向于通过从事那些强化自我形象的行为与自我形象保持一致。

亲社会自我认同的社会认知观引出了自我一致性理论的核心原则，认为个体的亲社会认同促使其采取与认同一致的态度和行为。在这方面，有研究者指出，亲社会自我认同是促进亲社会行为的关键性因素，即个体持续的亲社会行为建立在其对自身道德标准的高度认同之上。其他研究也提供了自我道德认同与亲社会行为之间积极相关的证据。在访谈中，有被访者的回答也反映了亲社会自我认同与亲社会参与之间的关系："……主要是源于自己的社会责任感，作为一个有社会责任感的人，在突发公共卫生事件中应当传递正能量，尽可能地帮助有需要的人，虽然不能到现场，也能为社会做出贡献……"

鉴于以上分析和质性研究中得到的数据，笔者提出了如下假设。

- **H6**：突发公共卫生事件中用户亲社会自我认同对亲社会参与具有直接正向作用。
- **H6-1**：亲社会自我认同对情感支持具有直接正向作用。
- **H6-2**：亲社会自我认同对网络贡献具有直接正向作用。
- **H6-3**：亲社会自我认同对爱心行动具有直接正向作用。

4.2.2.3 网络共情体验与亲社会参与关系假设

在影响亲社会行为的众多因素中，共情是被广泛认同的亲社会行为产生的重要动力。巴特森（Bateson，2003）提出的"共情-利他主义"假说认为，共情会产生利他动机，从而导致亲社会行为。他认为，当他人处于困境时，旁观者会产生共情、同情、怜悯等指向受助对象的情绪，这种情绪越强烈，个体想要解除他人困境的利他动机越强烈，亲社会行为的可能性就越大。

共情的套娃理论则从共情的内外结构出发，主张一旦个人产生共情，那么无论是作为共情核心层次的情绪感染，还是最外部层次的观点采择等认知成分都可能被激活。当认知成分被激活时，就会促使个体从他人的立场来看待问题，而当情绪感染被激活时，个体则能够更好地倾听和理解他人的感受，这都能够促进亲社会行为的产生。在实证研究方面，长期研究共情的学者通过自我报告的测量方法来探讨共情与亲社会行为之间的关系，并为共情是亲社会行为的一个有力预测因素提供了一系列的证据。近来，有关网络亲社会行为的研究也表明共情对网络亲社会行为具有一定的促进作用。

我们在质性研究阶段发现网络共情体验，即个人在线参与过程中所产生的共情对突发公共卫生事件中用户亲社会参与具有促进作用。在已有文献中，相关学者的研究已经发现网络共情体验存在于在线参与过程中。帕克（Park，2014）发现，通过在线共情体验，互联网用户可以识别他人价值观并形成一种积极的交流氛围，进而改善与对方之间的关系。还有研究提供了网络共情体验，即能够对亲社会行为产生积极作用的证据。通过以上分析，笔者提出了如下研究假设。

- H7：突发公共卫生事件中用户的网络共情体验对亲社会参与具有直接正向作用。
- H7-1：网络共情体验对情感支持具有直接正向作用。
- H7-2：网络共情体验对网络贡献具有直接正向作用。
- H7-3：网络共情体验对爱心行动具有直接正向作用。

4.2.2.4　自我效能感与亲社会参与关系假设

在"社会认知理论"与"认知 – 行为理论"中，自我效能感是影响用户行为的关键因素。

目前，已有研究显示，自我效能感是个体亲社会性的影响因素之一，卡普拉拉（2002）指出，情感的自我效能信念和人际自我效能信念均是亲社会行为的重要决定因素。当个体感受到自身在事件中发挥的作用越显著时，其越愿意投入时间和精力，并在参与活动中表现得更为自信，反之，个体认为事件超过他们应对能力范畴则会主动避免。

积极自我效能感通常伴随着高度的亲社会性，积极情感有助于构建积极的人际自我效能，产生互助行为，从而影响亲社会参与能力的信念及质量。卡普拉拉等人（2005）构建了自我效能与亲社会性模型，结果显示自我效能感与亲社会参与正向相关，两者之间的关系是动态、相互的，并且情感自我效能在价值观和亲社会性之间呈现出显著的中介效应。在访谈阶段，也有被访者回应："这主要是由于为他人提供帮助，或者积极参与并不是一件难事，对自己来说并不会花费太多时间，同时还确实能够帮到别人……"鉴于以上分析，笔者提出了如下假设。

- H8：突发公共卫生事件中用户自我效能感对亲社会参与具有直接正向作用。
- H8-1：自我效能感对情感支持具有直接正向作用。
- H8-2：自我效能感对网络贡献具有直接正向作用。
- H8-3：自我效能感对爱心行动具有直接正向作用。

4.2.3 可供性与亲社会参与关系假设

在信息系统领域，学者们将可供性看作是信息技术对个体行动者而言所能"承受"的行动可能性。埃利森（2014）认为，不同的人感知到的技术为行动提供的可能性是不同的。法拉和阿扎德将可供性定义为"参与重点技术的参与者所产生的行动可能性和机会"，并将其描述为采取行动的可能性，是对象/技术与用户之间的"多方面关系结构"。因此，可供性本身是与行动相关的概念。就突发公共卫生事件中用户亲社会参与而言，社交媒体从技术、信息内容等多个方面为用户线上行动提供了机会和可能，这可能会直接促进用户在线参与行为的发生。

　　具体而言，丰富性对亲社会参与的影响体现在两个方面：一方面是信息内容负载对参与行为所产生的作用，另一方面则是参与方式负载对参与行为的促进。首先，突发公共卫生事件中用户亲社会参与行为包括情感支持、网络贡献与爱心行动，其中绝大多数与信息分享、信息表达相关，诸如网络贡献中的提醒告知及爱心参与中对救助或捐赠的呼吁等，本质上都是一种在线信息行为，因此信息接触、信息获取是亲社会参与的重要前提。当用户获得信息后，分享等在线信息行为可能会发生，因此社交媒体在突发公共卫生事件中所提供的丰富的信息内容负载可能会直接促进亲社会参与。另外，根据一般学习模型（GLM），传播信息对个人行为的影响是一个学习过程。基于这一主张，过去的研究者已经探讨了媒体中的传播内容对亲社会行为的影响，诸如亲社会视频游戏、公益广告等。其次，参与方式多样性可使突发事件中亲社会参与行为的渠道更为多样化，使在线亲社会行为变得更为轻松、便捷，也能够促进亲社会参与行为的发生。如有被访者提到："社交媒体上会有评论、点赞这些功能，这样的互动讨论就会比线下几个人小范围的交流更有趣，并且个人的语言压力会比较小，也就是现实中不敢表达的也会更加勇于表达，像情感支持这类会参与得更广泛。"据此，笔者提出了如下假设。

- H9-1：突发公共卫生事件中社交媒体丰富性正向影响用户亲社会参与。
- H9-1a：丰富性正向影响情感支持。
- H9-1b：丰富性正向影响网络贡献。
- H9-1c：丰富性正向影响爱心行动。

根据社会交换理论的观点，个人在提供亲社会行为之前会对行为可能获得的内部报偿与外部报偿进行精细化衡量。社交媒体可见性能够使用户在突发公共卫生事件中的亲社会参与对他人所见，这可能会使得用户出于个人印象管理的外部报偿而进行亲社会参与。印象管理本身被认为是社交媒体使用的重要动机（Bareket-Bojmel，L.，et al.，2016；董含韵，2015），即当人们希望在他人面前塑造良好的个人形象时，可能会产生亲社会行为的决策，因为在社交媒体上亲社会参与是对他人可见的。

另外，根据社会学习理论，亲社会行为本身可以由强化作用所决定。在社交媒体中，一方面由于社交媒体提供的可见性使得用户可以通过观看自己的行为来进行自我监督，同时可供性还能将自己公之于众受他人监督，这两个层次都能促进用户的自我强化。另一方面，可见性使用户可以通过观察他人的亲社会参与行为来进行替代性强化。有学者在研究虚拟社区中的亲社会行为时引用戈夫曼的观点并指出，在具有"社会透明度"的环境中，用户可以公开观看自己的在线活动，因为"相互监督"效应而采取亲社会行动。当公开接受公众监督时，为了实现行动的固有目标，大多数人会按照网络社区的规范和期望行事。正如在访谈中有被访者回答道："我看到社交平台上，大家都在转发这些求助信息，转发媒体发布的救助平台，转发医院需要物资的信息，我觉得自己也应该这样做，所以就参与了。"据此，笔者提出了如下假设。

- H9-2：突发公共卫生事件中社交媒体可见性正向影响用户亲社会参与。
- H9-2a：可见性正向影响情感支持。
- H9-2b：可见性正向影响网络贡献。
- H9-2c：可见性正向影响爱心行动。

就可联系性而言，社交媒体通过为用户在线行为提供的可联系性促进了用户在突发公共卫生事件中的人际交往，一方面使得社会联系可以跨越时空界限，另一方面也会使用户与亲社会行为对象之间有了建立直接联系的可能性，这可能会直接促进亲社会参与行为的发生。帕纳希等人（Panahi, et al., 2016）认为，与传统网络工具相比，社交媒体平台的使用为不同地理区域人们之间的快速交流提供了更多的机会，社交媒体可以自由地将大批用户联系在一起，他们可以轻松地交换知识并表达思想、经验和看法。鉴于此，笔者提出了如下假设。

- H9-3：突发公共卫生事件中社交媒体可联系性正向影响用户亲社会

参与。

- H9-3a：可联系性正向影响情感支持。
- H9-3b：可联系性正向影响网络贡献。
- H9-3c：可联系性正向影响爱心行动。

4.2.4　可供性、自我决定感与亲社会参与关系假设

根据前文提出的研究假设，社交媒体可供性包括可见性、丰富性，对自我决定感（包括用户群体认同、亲社会自我认同、网络共情体验、自我效能感）有直接影响，而自我决定感又对用户亲社会参与具有促进作用。因此，自我决定感在社交媒体可供性与亲社会参与之间可能会起到中介作用。

已有研究成果与本书的质性研究阶段所获得的访谈数据在一定程度上提供了中介关系可能存在的证据。根据可供性理论，吉布森认为环境信息知觉与主体行动知觉之间是相伴而行的，可以理解为可供性是否能够引发行为，既取决于具有技术特征的客体属性，又取决于主体能力对行为的感知（董雪艳，2018）。社会认知理论将个体行为看作是环境、个体、行为共同作用的结果，行为主体的外部条件作为环境因素能够通过影响个体认知而对行为产生作用，即环境因素与行为之间可能存在个体认知这个中介因素（Bruner, J. S., et al., 1947）。社交媒体可供性是社交媒体在突发公共卫生事件中为用户参与所提供的可能性，是用户对社交媒体所提供的外部条件的知觉。

1. 群体认同的中介作用

关于社交媒体、认同与参与行为之间关系的研究结果表明，社交媒体作为时下最普遍的交流平台，其对用户身份的自我构建有着显著影响。社交媒体意见的自由表达能够让用户主动曝光自己的态度，从而更容易寻求与自己偏好一致的群体。Twitter 新闻社区的研究也证实了这一现象，社交媒体平台具有强大的聚集性，用户在社交媒体平台上以社会互动和兴趣为导向，形成了不同的

群体，借助社交媒体平台也能提高群体的行动能力（Herdadelen, A., et al., 2013）。有学者结合社会认同理论、自我分类理论探讨 Facebook 与其他认同之间的关系，研究发现成员利用社交媒体重申其作为群体的成员身份，并通过社会认同加强其参与集体行为的意愿（Chan, M., 2014）。

虽然没有研究证实可供性能够通过影响认同来促进亲社会行为，但笔者在访谈中得到的数据表明中介关系存在的可能性。"我在朋友圈看到同学们都转发并捐款了，我觉得自己作为其中的一分子也应该尽力而为，所以也转发了，也捐了一点，希望能够帮到他……"这表明群体认同在社交媒体可见性与亲社会参与之间可能起中介作用。此外，还有被访者回应："……我每天都会花时间关注，看着变动的数字觉得在这个时候大家是一个命运共同体，所以在做好自己的同时，我也会力所能及地去帮助别人，提醒别人注意……"这表明群体认同在丰富性与亲社会参与之间可能起中介作用。

鉴于以上分析，笔者提出假设 H10，其中 H10-1 包括 H10-1a、H10-1b、H10-1c，分别为亲社会参与的三个维度，H10-2、H10-3 亦是如此。

- H10：突发公共卫生事件中群体认同在社交媒体可供性与用户亲社会参与之间起中介作用。
- H10-1：群体认同在丰富性与用户亲社会参与之间起中介作用。
- H10-2：群体认同在可联系性与用户亲社会参与之间起中介作用。
- H10-3：群体认同在可见性与用户亲社会参与之间起中介作用。

2. 亲社会自我认同的中介作用

社交媒体情境中亲社会自我认同能够得到发展，如戴维斯等人（2010）研究发现，社交媒体的使用可能会影响大学生的道德发展，尤其是道德思维和道德认同。有研究者指出，用户可以通过使用社交媒体来影响他们如何看待自身及其相关同伴。而根据自我同一性的观点，亲社会自我认同被触发后，能够导致个体做出与自我认同的亲社会品质相符合的行为。因此，在突发公共卫生事件中，社交媒体可供性可能通过触发与提升亲社会自我认同，来使用户基于自我同一性的心理需求而进行亲社会参与行为。此外，还有被访者回应："微博上看到很多人参与，比如我喜欢的明星发起的捐款行动，还有媒体宣传的一些充满正能量的行为。当看到整个社会正能量满满时，我觉得自己也应该做一个有社会责任感的人，所以也参与了……"这也表明用户亲社会自我认同在社交媒体可供性与亲社会参与之间可能起中介作用。

鉴于以上分析，笔者提出假设 H11，其中，H11-1、H11-2、H11-3 包括三条子假设，分别涉及亲社会参与的三个维度。H11-4、H11-5 也是如此。

- H11：突发公共卫生事件中亲社会自我认同在社交媒体可供性与用户亲社会参与之间起中介作用。
- H11-1：亲社会自我认同在丰富性与用户亲社会参与之间起中介作用。
- H11-2：亲社会自我认同在可联性与用户亲社会参与之间起中介作用。
- H11-3：亲社会自我认同在可见性与用户亲社会参与之间起中介作用。

3. 网络共情体验的中介作用

在网络共情体验的中介作用方面，卡普兰和特纳的研究表明，互联网使用支持共情甚至能够增强共情，而共情是亲社会行为的重要的预测因子。有研究认为，互联网的活动是成功的，它促进了共情进而产生亲社会行为，如捐赠。有学者研究了社交网站上的移情体验与亲社会行为之间的关系，发现在 SNS 上撰写故事或评论可增强意识，从而使个人可以更好地了解他人的处境。

鉴于以上分析，笔者提出假设 H12，其中，H12-1、H12-2、H12-3 包括三条子假设，分别涉及亲社会参与的三个维度。H12-4、H12-5 也是如此。

- H12：突发公共卫生事件中网络共情体验在社交媒体可供性与用户亲社会参与之间起中介作用。
- H12-1：网络共情体验在丰富性与用户亲社会参与之间起中介作用。
- H12-2：网络共情体验在可联系性与用户亲社会参与之间起中介作用。

- H12-3：网络共情体验在可见性与用户亲社会参与之间起中介作用。

4. 自我效能感的中介作用

在自我效能感的中介作用方面，有研究发现，社交媒体作为在线人际互动的聚集地，是个体建立自我效能感的重要场所之一。有学者在韩国收集了具有全国代表性的 2 265 名互联网用户样本进行研究，发现网络关系中的自我效能感与网络亲社会行为呈正向显著相关，并且认为亲社会行为更有可能发生在那些网络效能感强的个体身上。用户通过使用水平和技术熟悉程度提升获得更为积极的网络自我效能，即用户生成内容的能力越强，其参与网络行为的信心越强。斯坦曼等人（Stanman, et al., 2020）通过观察被分配到记录亲社会行为的网络平台中的 33 名被测者的行为，发现借助数字技术网络平台能够更好地支撑自我效能的发展，进而促进更多亲社会行为的完成。

相关实证研究证实了自我效能感在社交媒体可供性与亲社会参与之间起中介作用的可能性。此外，在本书的质性研究中，有被访者回答："我从微博上、朋友圈中看到大家都在行动，通过社交媒体转发求助信息、扩散官方消息，这些对我而言并不是一件难事，有时候举手之劳能够对需要帮助的人起到很大的作用，何乐而不为呢？"

鉴于以上分析，笔者提出假设 H13，其中 H13-1、H13-2、H13-3 包括三条子假设，分别涉及亲社会参与的三个维度。

- H13：突发公共卫生事件中自我效能感在社交媒体可供性与用户亲社会参与之间起中介作用。
- H13-1：自我效能感在丰富性与用户亲社会参与之间起中介作用。
- H13-2：自我效能感在可联系性与用户亲社会参与之间起中介作用。
- H13-3：自我效能感在可见性与用户亲社会参与之间起中介作用。

4.3　小结

本章是实证研究的第一个环节。首先，基于质化研究结果，融合自我决定论、S-O-R 理论、M-O-A 理论，完成行为机制理论模型的构建。其次，根据理论模型、现有文献、访谈资料推导并提出研究假设。

在参考相关理论和已有文献结论，结合本章质性研究结果的基础上，本章总共提出了三层直接关系假设：一是社交媒体可供性、丰富性、可联系性、可见性分别对群体认同、亲社会自我认同、网络共情体验、自我决定感的直接作用关系假设；二是社交媒体可供性、丰富性、可联系性、可见性分别对亲社会参与的三个维度（情感支持、网络贡献和爱心行动）的直接作用关系假设；三是群体认同、亲社会自我认同、网络共情体验、自我效能感对亲社会参与的三个维度（情感支持、网络贡献和爱心行动）的直接作用关系假设。

另外，本章还提出了中介关系假设，即丰富性、可联系性、可见性通过群体认同、亲社会自我认同、网络共情体验、自我效能感影响用户亲社会参与的中介作用关系假设。

第 5 章

用户亲社会参与行为机制
假设检验与实证分析

　　第 4 章建构了突发公共卫生事件中社交媒体用户亲社会参与行为机制模型，并根据已有研究文献和深度访谈数据推导了各变量之间的假设关系。本章第一部分根据假设关系，通过对相关成熟量表的借用、修订来进行调查问卷设计，并开展预调查、正式调查工作，最后完成数据收集，同时对样本结构进行初步分析。第二部分则对已获得的有效样本数据展开统计分析，主要涉及三个方面：一是对调查数据进行基本统计分析；二是进行信度检验、效度检验、共同测量偏差检验，以进一步检验数据质量；三是验证研究假设，从而完成对前文理论研究结果的实证分析。第三部分则在此基础上对各种统计分析的结果进行讨论，以阐释突发公共卫生事件中社交媒体用户的亲社会参与行为机制。

5.1　数据收集

5.1.1　变量测量

　　根据本章的研究假设，需测量变量包括社交媒体丰富性、可联系性、可见性、群体认同、亲社会自我认同、网络共情体验、自我效能感、亲社会参与共八个变量。其中，被解释变量为亲社会参与，解释变量社交媒体可供性包括丰富性、可联系性、可见性，中间变量包括群体认同、自我认同、网络共情体验、自我效能感。除亲社会参与采用本书第 2 章自主开发的量表外，其他变量的量表改编自相关文献中的成熟量表。

5.1.1.1 社交媒体可供性测量

1. 丰富性

在丰富性的测量上，笔者考察了以往有关媒体丰富性的测量研究。媒体丰富性理论在传播学、管理学等领域均有成熟的探讨，其中不乏实证研究。有研究通过询问线索、反馈、语言和个人关注来测量媒体丰富性，丹尼斯与金尼认为这是一种误读。他们认为线索、反馈等理论上可被认为是影响丰富性的，而不是丰富性的一部分。接着从媒体丰富性的关键主题"改变理解"和"时间"入手来进行测量，测量量表共涉及八个题项（Dennis，A. R.，1998）。希尔（Sheer，V. C.，2011）从表达、线索等方面通过五个题项来测量 MSN 的媒体丰富度，并被后续有关社交媒体的研究所采用。在该研究的情境中，丰富性是指社交媒体在突发公共卫生事件中为用户提供的潜在、有价值的信息内容负载与参与方式负载。测量项目应当包括三个维度，即信息内容的丰富性、信息质量（有价值）以及参与方式的多样性。笔者根据测量目标，在参考丹尼斯等人媒体丰富性量表的基础上，结合扎根理论研究结果对相关题项进行了改编和修订。

2. 可联系性

可联系性是指在突发公共卫生事件中社交媒体为用户在线行为提供的与其他用户之间建立沟通联系的可能性。这一概念与董雪艳等人对社交媒体社会联系性的界定相似，董雪艳在研究技术可供性对社会化商务购买意向时也使用了这一量表，其信度与效度均得到过持续研究的检验。笔者借用这一量表，并根据扎根理论的研究结果，结合本节的研究情境对相关题项进行了修订。

3. 可见性

虽然有关社交媒体可供性的实证研究成果并不充分，但可见性总是作为一个重要变量被测量。有学者用四个题项来测量微信对于在线社交商务的可见性（Dong，X.，et al.，2018）。赖斯等人（2017）在研究组织中的社交媒体时，同样以四个题项来测量社交媒体的可见性。这两项研究中，前者强调的是社交媒体对产品的呈现是可见的，侧重于"可视化"的测量，后者则测量的是社交媒体中个人对他人的可见性。可见，赖斯等人的测量更符合本书对可见性的界定。因此，本书在翻译量表的基础上结合扎根理论访谈结果对相关题项进行了改编，以使其适用于研究的具体情境。

综上，社交媒体可供性的测量题项如表 5-1 所示。

表 5-1　社交媒体可供性的测量题项

变量	题项	来源
丰富性	社交媒体提供的与突发公共卫生事件相关的信息种类比较丰富	Dennis & Kinney, 1998; Sheer, V. C., 2011
	社交媒体提供的与突发公共卫生事件相关的信息内容比较全面	
	社交媒体提供了很多与突发公共卫生事件相关且有价值的信息	
	社交媒体让我可以使用多种方式（文、图、表情、打赏等）参与转发、互动、捐款等	
	社交媒体使我能够在突发公共卫生事件中充分地表达自己的感受	
可见性	我能在社交媒体上看到其他人是如何参与突发公共卫生事件的	Rice, R. E., et al., 2016
	我能在社交媒体上看到其他人在突发公共卫生事件中的表现	
	通过社交媒体，我能了解其他人对于突发公共卫生事件的态度	
可联系性	在突发公共卫生事件中，我能通过社交媒体联系我想联系的人	董雪艳，2018; Dong, X., Wang, T., et al., 2016
	在突发公共卫生事件中，我能通过社交媒体联系到我关心的人	
	在突发公共卫生事件中，我能通过社交媒体联系到需要帮助的人	

5.1.1.2　自我决定感测量

1. 群体认同

群体认同的测量工具较多，研究者主要从各自的研究情境出发对其进行操作化定义并开发量表。例如，卢赫塔宁和克罗克（Luhtanen, R., & Crocker, J., 1992）开发的集体自尊量表。阴良（2010）在研究社会认同与 SNS 使用时对其进行了调整。另外，具有代表性的还有薛婷、乐国安等人（2013）在研究网络集体行动时参考西蒙、史密斯等人的经典研究范式开发的认同量表,该量表主要涉及国家认同及网络认同两个层次。由于本书所指的群体认同主要强调的是用户通过在线社交媒体使用而获得的群体认同情感体验,因此在测量时主要参考了薛婷、乐国安等人对群体认同的测项,以及卢赫塔宁等人的集体自尊量表中对群体成员身份的测量题项。在此基础上,根据扎根理论研究结果,本节对量表进行了修订。

群体认同的测量题项如表 5-2 所示。

表 5-2　群体认同的测量题项

变量	题项	来源
群体认同	当突发公共卫生事件发生时,我是社会中的一员	薛婷,乐国安等(2013)
	当突发公共卫生事件发生时,我感到我与他人有着共同的命运	
	当突发公共卫生事件发生时,我充分认可大家的共同努力	
	在社交媒体上,我是我所在群体中有价值的一员	Luhtanen,R. & Crocker,J.,1992;阴良,2010
	在社交媒体上,我是我所在群体中积极的参与者	
	在社交媒体上,我所在群体对我而言很重要	

2. 亲社会自我认同

乔丹等人(2015)通过分配九个形容亲社会特质的形容词给被试者,让其根据每个形容词评价自身当前与自己的理想状态之间的差异来测量被试者的道德自我形象认同。这九个形容词是诚实的、体贴的、有同情心的、公正的、友好的、慷慨的、勤奋的、助人为乐的、善良的。

阿基诺和里德(Aquino,K. & Reed,A. I.,2002)在其开发的道德认同量表中编制了五个题项,测量前首先向被试展示"友善""慷慨""诚实"等亲社会道德特质,接着让被试者根据亲社会道德特质对自身进行评价。结合扎根理论研究结果及对亲社会参与行为的维度划分,本节对原自我形象量表中的形容词(测量题项)进行了取舍,主要包括有同情心的、友善的、助人为乐的、有责任感的、慷慨的,同时为了使测量方式更为简洁,我们直接以上述形容词来构造对应的测量题项。

亲社会自我认同的测量题项如表 5-3 所示。

表 5-3　亲社会自我认同的测量题项

变量	题项	文献来源
亲社会自我认同	我是一个有同情心的人	Jordan, J., et al., 2015; Aquino, K. & Reed, A. I., 2002
	我是一个友善的人	
	我是一个助人为乐的人	
	我是一个有责任感的人	
	我是一个慷慨的人	

3. 网络共情体验

关于共情的测量，有学者直接将共情区分为认知共情与情感共情两个维度，并据此开发了"基本共情量表"。其中，共情的认知方面与一个人识别和理解另一个人情绪的能力有关，情感方面则与一个人体验另一个人情绪的能力有关（Jolliffe，D.，et al.，2006）。还有学者在基本共情量表的基础上开发了网络共情量表，以评估用户在网络交互时的共情体验。该量表包括七个测量题项。本节在翻译网络共情量表的基础上对相关测量题项的表述进行了适合本研究情境的修订。

网络共情体验的测量题项如表 5-4 所示。

表 5-4　网络共情体验的测量题项

变量	题项	来源
网络共情体验	在社交媒体上互动时，我能够察觉到对方的情感	Jolliffe, D. & Farrington, D. P., 2006; Marín-López, et al., 2020
	在社交媒体上和我互动的某个人感到高兴时，我通常会很快意识到	
	在社交媒体上我通常能够了解人们所感受到的情绪	
	社交媒体上与我经常互动的人的情绪对我的影响很大	
	社交媒体上某些内容引起的情绪会让我很沉重	
	社交媒体上某些内容引起的情绪会让我很感动	
	当我在社交媒体上看到某些事件中的人的视频或照片时，我觉得自己就像那个人一样	

4. 自我效能感

自我效能感与具体任务行为及情境相关，因而对它的测量也往往结合具体任务或情境来进行，甚至有研究者根据不同研究对象而开发了不同的自我效能感量表，如网络自我效能感、社交效能感等。

本书探讨的自我效能感是指社交媒体用户对亲社会参与的信念和预期，即用户个人认为自己有能力进行亲社会参与的程度及其对亲社会参与结果的预期。自我效能感主要包括社交媒体用户对亲社会参与行为的难易程度、自身能力是否能够胜任亲社会参与行为的信心程度，以及亲社会参与能够带来的影响程度的自我认知。因此，在测量时，笔者在遵照现有文献中有关自我效能测量维度及题项表述的基础上，主要参考了艾曾（Ajzen）的自我效能感量表。

自我效能感的测量题项如表 5-5 所示。

表 5-5　自我效能感的测量题项

变量	题项	来源
自我效能感	我有能力在社交媒体上进行亲社会参与	Icek & Ajzen，2002；高阳，2018
	对我来说，在社交媒体上进行亲社会参与并不是一件难事	
	我相信通过亲社会参与能够帮到他人	

5.1.1.3　被解释变量的测量

被解释变量即亲社会参与。本书第 2 章研究发现，突发公共卫生事件中社交媒体用户的亲社会参与是一个三因子结构，并专门开发了适用于突发公共卫生事件情境的用户亲社会参与测量工具。在实证研究中，本节采用该量表对亲社会参与这一被解释变量进行测量，具体测量题项内容不再赘述。

5.1.2　问卷设计与前测

在社会科学研究中，用于模型检验的一般方法包括实验研究法和问卷调查法。由于本节建构的影响机理模型涉及变量多、关系假设较为复杂，在较难控制实验过程的情况下，通过实验研究法进行模型检验很难保证实验结果的信度与效度。因此，为了客观地验证假设关系模型，揭示变量之间的关系，笔者采取问卷调查法来进行研究。

5.1.2.1　问卷设计的步骤

遵循社会科学研究中关于问卷设计的原则及建议，结合本书研究目的，我们在问卷设计过程中主要以已有成熟量表及在扎根理论研究阶段所获取的访谈数据为依据。首先，以文献研究为基础。通过对大量文献的检索与研读，参考和借鉴已有成熟量表，归纳各变量所涉及的具体维度及各维度的测量题项。其次，以质性研究为参考。我们在深度访谈中对被访者进行了半结构化访谈，并在此基础上较为系统地考察了社交媒体何以影响用户亲社会行为的机理问题，以此为参考对已有量表的测量题项进行相应调整，从而保证问卷的结构效度与内容效度。

（1）问卷设计。紧扣研究目的，根据假设关系模型，确定需要进行测量的变量。问卷设计以模型中涉及的变量为主，并且包含被调查者社交媒体使用基本状况、人口统计学变量等。问卷设计过程参考或借鉴成熟问卷的结构及相关量表，结合突发公共卫生事件中社交媒体用户参与的特殊性来完成。在测量工具的采用上，我们依据已有研究成果和在质性研究阶段所获得的数据对问卷进行改编和修订。

（2）初次修订。初始问卷形成后，我们将问卷发放给两位传播学专业教授、一位心理学专业教授及一位社会学专业教授，以征询他们的意见，然后据此对问卷中所涉及的量表测量题项进行修改。

（3）二次校正。针对初次修订后的问卷，我们邀请了 7 位传播学专业硕士研究生及 32 位来自微博和微信朋友圈的社交媒体用户进行小范围的填答。填答者的社交媒体使用年限均在 5 年以上，教育水平从初中到研究生均有涉及，年龄范围在 20 ~ 40 岁。小范围问卷发放的主要目的是搜集他们对问卷易读性、语言表达准确性、可辨识度、答题逻辑顺序的评价。基于试答情况和反馈，我们对问卷进行了再次修改，以保证问卷的内容效度及规范性。

（4）问卷前测。在正式调查之前，我们通过小样本进行问卷前测。一方面为了检验测量题项的表述是否通俗易懂，并在正式调查展开之前进行最后的修订。另一方面，需要以预调查为数据来源，经过统计分析以检验量表信度与效度，从而对不符合要求的测量题项进行删减。

在问卷经过初次修订、二次校正后，我们采取线下集中填答、线上调查的形式小规模发放调查问卷。集中填答主要于 2020 年 9 月在华中科技大学、贵州民族大学、云南财经大学三所高校的本科生、硕士研究生课间休息时间进行，共收回 150 份问卷。线上调查主要采取滚雪球抽样方法，在社交媒体平台发放问卷，共发放 200 份问卷，收回 159 份问卷。通过对这 309 份问卷中回应不全、明显不认真，以及回答者回应"使用社交媒体不超过一年"的问卷进行剔除后，共计得到 305 份有效问卷。

5.1.2.2　基于前测数据的信度与效度分析

本节基于前测数据对问卷及各量表进行信度与效度检验，结果显示，预调查问卷总的克隆巴赫（Cronbach's α）系数值为 0.96，信度良好。针对量表效度，本节进行了探索性因子分析。探索性因子分析结果如下。

1. 社交媒体可供性探索性因子分析

本节所涉及的前因变量包括社交媒体丰富性、可联系性和可见性，属于社交媒体可供性的内容。相关量表总共包含 16 个题项，首先检验数据的 KMO 值（取样充足度）和巴特利（Bartlett）球形检验。

通常情况下，KMO 值为 0.5~1.0，表明适合进行因子分析，但在具体研究中常常以 0.7 作为下限，Bartlett 球形检验显著，说明可以做因子分析。统计结果显示 KMO 值为 0.83，Bartlett 检验显著性水平为 0.000。

通过主成分分析，选择最大方差正交旋转，得到三个特征根大于 1 的因子，三个因子的累计方差贡献率为 71.76%。具体而言，各题项在各同因子上的因子载荷大于 0.7，且没有横跨两因子的题项存在（见表 5-6）。这说明对三个变量的测量结果具有良好结构效度，与理论相符合。

表 5-6　社交媒体可供性变量探索性因子分析

变量	题项	因子载荷			方差贡献率（%）	累计方差贡献率（%）
		1	2	1		
丰富性	1	0.845	0.072	0.088	30.69	30.69
	2	0.767	0.11	0.085		
	3	0.716	0.07	0.138		
	4	0.873	0.09	0.196		
	5	0.826	0.118	0.14		
可联系性	1	0.153	0.172	0.859	21.15	51.84
	2	0.137	0.145	0.831		
	3	0.164	0.033	0.793		
可见性	1	0.037	0.882	0.085	19.91	71.76
	2	0.125	0.856	0.15		
	3	0.172	0.85	0.106		

2. 群体认同探索性因子分析

本节对群体认同的测量包括与事件相关认同和网络群体认同两个维度，各维度分别包含 3 个题项，量表总共包含 6 个题项。统计结果显示 KMO 值为 0.794，Bartlett 球形检验显著性水平为 0.000，说明适合进行因子分析。通过主成分分析并选择最大方差正交旋转后得到 2 个特征根大于 1 的因子，2 个因子的累计方差贡献率为 74.41%。各题项在各同因子上的因子载荷大于 0.7，且没有横跨两因子的测项存在（见表 5-7）。

表 5-7　群体认同探索性因子分析

变量维度	题项	因子载荷		方差贡献率（%）	累计方差贡献率（%）
		1	2		
事件相关认同	1	0.145	0.838	37.62	37.62
	2	0.213	0.866		
	3	0.259	0.794		
网络群体认同	4	0.837	0.214	36.78	74.40
	5	0.809	0.217		
	6	0.877	0.179		

3. 亲社会自我认同探索性因子分析

亲社会自我认同量表总共包括 3 个题项。统计结果显示 KMO 值为 0.855，Bartlett 球形检验显著性水平为 0.000，说明适合进行因子分析。通过主成分分析得到 1 个特征根大于 1 的因子，累计方差贡献率为 74.41%。各题项因子载荷为 0.798~0.886（见表 5-8），说明对亲社会自我认同的测量结果具有良好结构效度，与理论预设相符合。

表 5-8　亲社会自我认同探索性因子分析

变量	测项	因子载荷	方差贡献率（%）	累计方差贡献率（%）
		1		
亲社会自我认同	1	0.836	70.17	70.17
	2	0.838		
	3	0.827		
	4	0.886		
	5	0.798		

4. 网络共情体验探索性因子分析

网络共情体验的测量包括认知共情与情感共情两个维度，分别包含 3 个题项和 4 个题项。统计结果显示 KMO 值为 0.885，Bartlett 球形检验显著性水平为 0.000。通过主成分分析并选择最大方差正交旋转后得到 2 个特征根大于 1 的因子，2 个因子的累计方差贡献率为 74.9%。各题项在各同因子上的因子载荷均大于 0.7，且没有横跨两因子的题项存在（见表 5-9）。这说明对网络共情体验的测量结果具有良好结构效度，与理论预设相符合。

表 5-9　网络共情体验探索性因子分析

维度	题项	因子载荷		方差贡献率（%）	累计方差贡献率（%）
		1	2		
情感共情体验	1	0.857	0.217	40.08	40.08
	2	0.796	0.283		
	3	0.784	0.211		
	4	0.795	0.246		
认知共情体验	5	0.232	0.844	34.82	74.9
	6	0.248	0.870		
	7	0.277	0.858		

5. 自我效能感探索性因子分析

自我效能感量表总共包含 3 个题项。统计结果显示 KMO 值为 0.855，Bartlett 球形检验显著性水平为 0.000。通过主成分分析得到 1 个特征根大于 1 的因子，方差贡献率为 71.71%。各题项因子载荷为 0.819~0.877（见表 5-10）。

表 5-10　自我效能感探索性因子分析

变量	题项	因子载荷	方差贡献率（%）	累计方差贡献率（%）
		1		
自我效能感	1	0.843	71.71	71.71
	2	0.877		
	3	0.819		

6. 亲社会参与探索性因子分析

亲社会参与包括情感支持、网络贡献、爱心行动三个维度，分别包含 5 个题项、6 个题项、5 个题项，共 16 个题项。统计结果显示 KMO 值为 0.942，Bartlett 球形检验显著性水平为 0.000。通过主成分分析并选择最大方差正交旋转后得到 3 个特征根大于 1 的因子，3 个因子的累计方差贡献率为 64.94%。各题项在各同因子上的因子载荷均大于 0.5，且没有横跨两因子的题项存在（见表 5-11）。

表 5-11　亲社会参与探索性因子分析

变量	题项	因子载荷			方差贡献率（%）	累计方差贡献率（%）
		1	2	3		
情感支持	1	0.083	0.190	0.707	22.99	22.99
	2	0.261	0.191	0.777		
	3	0.308	0.274	0.726		
	4	0.300	0.292	0.656		
	5	0.247	0.321	0.704		
网络贡献	6	0.140	0.728	0.297	21.55	44.54
	7	0.274	0.767	0.204		
	8	0.367	0.655	0.204		
	9	0.264	0.733	0.277		
	10	0.381	0.654	0.314		
	11	0.400	0.518	0.330		
爱心行动	12	0.710	0.258	0.225	20.40	64.94
	13	0.770	0.256	0.258		
	14	0.725	0.306	0.193		
	15	0.754	0.209	0.172		
	16	0.730	0.249	0.263		

5.1.2.3　问卷的结构

根据上述问卷设计步骤，在经过三次修订之后，我们得到"突发公共卫生事件中社交媒体对用户亲社会参与的影响正式调查问卷"，问卷总共分为六个部分。第一部分是对突发公共卫生事件中用户亲社会参与的调查。第二部分是对社交媒体可供性的调查。第三部分是对用户个体认知体验的调查。第四部分是对用户社交媒体使用基本状况的调查，主要涉及社交媒体使用频率、使用年限、使用平台偏好等内容。第五部分是对被调查者人口统计学资料的调查，如年龄、性别、教育水平、职业、收入水平、地区。问卷中除第四和第五部分外，其余部分均为 Likertd 量表，测量水平为 1~5，以正向计分进行测量。

5.1.3　问卷发放与样本结构

5.1.3.1　调查对象与样本量

本节主要探讨突发公共卫生事件中社交媒体对用户亲社会参与的影响机制，因此问卷调查对象为社交媒体用户，即具有社交媒体使用经历的用户。同时鉴于对调查数据质量的要求，在选择调查者时应当选取具有一定社交媒体使用经验的用户，包括使用时间与使用频率应当达到一定要求。

中国互联网络信息中心（2017）统计的数据显示，社交用户年龄结构以 40 岁以下用户为主，占用户数的 78%，其中 20~29 岁年龄段社交用户占 32.1%，30~39 岁用户占 24.3%。因此，本节将问卷调查对象设定为 18~39 岁的社交媒体用户，并以使用社交媒体时间超过一年且使用频率大于 1 小时 / 日作为限制条件来对被访者进行过滤，最大限度地避免抽取到诸如虽注册了账号但不使用或使用频率非常低的用户。

为此，我们在被访者正式填答调查问卷前需对被访者是否为社交媒体用户及是否具有一定使用经验进行确认，从而控制数据质量。具体做法是在问卷正式开始之前设置两道筛选题：一是"你是否使用以下社交媒体平台已超过一年时间"，问题下面列举了当前国内主要的社交媒体类型；二是"你平均每天在社交媒体上的时间是否超过 1 小时"，两道筛选题回答均为"是"的被访者可以进行后续问卷的填答，其中一道题选"否"则终止调查。

在样本量的确认上，虽然没有一个放之四海而皆准的标准，但研究者从不同角度提出了他们认为能够最大限度保证数据质量的建议，这些建议也在后续研究中成为样本量确认的参考依据。戈萨奇（Gorsuch）从量表角度建议题项与样本量之间的比例应在 1∶5 以上，最好达到 1∶10 和 1∶15。科米等人（Andrew L. Comrey, et al., 1992）认为，样本量 100 代表数据质量差，200 代表数据质量还好，300 代表数据质量好，500 以上代表数据质量非常好，1 000 以上代表数据质量优异。问卷中的主要变量测量题项共计 48 项，综合考虑上述研究者对样本量的建议，在确定样本容量时，我们认为应尽量保证样本量与测量题项达到 1∶17 的比例，即 720 左右。

5.1.3.2　问卷的发放与质量控制

本研究的正式调查采取网络调查的方式进行。之所以选择网络调查主要有以下三个方面的原因。一是本研究的调查对象是具有一定使用经验的社交媒体用户，通过在当前主要的社交媒体发放网络问卷进行调查能够更直接地接触到目标调查对象。二是通过网络问卷能够突破地域限制，最大限度地扩大调查范围，从而使调查样本能够涉及更多不同地区的社交媒体用户。三是便于通过网络技术对问卷调查过程和数据进行质控，如从系统提供的问卷回答时间、样本基本情况等方面对无效样本进行剔除。四是通过网络调查能够节省调查研究在组织实施和后续信息处理方面的成本，缩短调查周期。但是，不可否认的是，网络调查也存在一定的缺点，如样本在年龄、地区、收入等方面的分布结构较难保证，以及信息安全和技术问题。鉴于此，我们在实施网络问卷调查时使用了专业网络问卷调查平台所提供的收费样本服务。

本研究的调查时间是在 2020 年 12 月，采取网络问卷方法。网络问卷发放方式有两种，一种是以随机抽样方法通过腾讯问卷提供的"回答小组"样本服务项目进行。根据前文所述，我们限定调查对象年龄为 18~40 岁，由调查平台自动在腾讯下属社交媒体微信、QQ 中采取随机抽样的方式邀请样本库中符合条件的人填写问卷。另一种是同样以随机抽样方法通过微博平台发放，此方式由研究者在微博平台上随机邀请在线用户进行填写。通过两种方式，本研究共计收回 953 份问卷。

在样本质量控制方面，本研究一方面借助腾讯问卷调查平台"问卷小组"自动识别标记无效问卷程序，通过跟踪用户全程的答题行为时间分布，结合 AI 技术依靠用户行为序列进行筛选，如过滤填答时间不足 180 秒及大于 900 秒的问卷。另一方面，对筛选过后的样本进行进一步的人工审核，包括对回答时间、社交媒体使用年限、社交媒体使用频率等数据，以及被访者的回答有无明显不符合逻辑等进行审核，力求保证收回问卷的有效性。

此外，邱吉尔等人（1979）建议对调查问卷进行筛选应满足三项要求，一是样本数据缺失率大于 30% 的不采用，二是量表题项基本选同一选项的不采用，三是用平均值代替缺失值的不采用。本研究按照这三项要求对收集到的样本数据进行再次筛选，过滤掉不符合条件的问卷。最终，本研究获得有效调查样本共计 705 份，问卷有效率为 74%。

5.1.3.3　样本结构

针对调查研究中收集到的 705 份有效样本，我们从样本地区覆盖、人口学特征及社交媒体使用状况三个方面进行了描述性统计分析。样本的区域分布情况如表 5-12 所示。

表 5-12　样本的区域分布情况

区域	频率	百分比（%）	有效百分比（%）	累积百分比（%）
其他	3	0.4	0.4	0.4
安徽省	29	4.1	4.1	4.5
北京市	35	5	5	9.5
福建省	22	3.1	3.1	12.6
甘肃省	6	0.9	0.9	13.5
广东省	108	15.3	15.3	28.8
广西壮族自治区	20	2.8	2.8	31.6
贵州省	5	0.7	0.7	32.3

（续表）

区域	频率	百分比（%）	有效百分比（%）	累积百分比（%）
海南省	5	0.7	0.7	33
河北省	46	6.5	6.5	39.6
河南省	47	6.7	6.7	46.2
黑龙江省	18	2.6	2.6	48.8
湖北省	20	2.8	2.8	51.6
湖南省	21	3	3	54.6
吉林省	12	1.7	1.7	56.3
江苏省	52	7.4	7.4	63.7
江西省	29	4.1	4.1	67.8
辽宁省	16	2.3	2.3	70.1
内蒙古自治区	18	2.6	2.6	72.6
宁夏回族自治区	1	0.1	0.1	72.8
青海省	1	0.1	0.1	72.9
山东省	56	7.9	7.9	80.9
山西省	28	4	4	84.8
陕西省	11	1.6	1.6	86.4
上海市	2	0.3	0.3	86.7
四川省	17	2.4	2.4	89.1
天津市	12	1.7	1.7	90.8
西藏自治区	1	0.1	0.1	90.9
新疆维吾尔自治区	3	0.4	0.4	91.3
云南省	8	1.1	1.1	92.5
浙江省	32	4.5	4.5	97
重庆市	21	3	3	100
合计	705	100	100	

在样本人口统计学特征上，样本中男性占46.2%（N=326），女性占53.8%（N=379）。从年龄构成上来看，19岁及以下占8.8%（N=62），20~29岁占73.3%（N=517），30~39岁占17.6%（N=124），40~49岁占0.3%（N=2）。从

教育水平结构上来看，初中及以下占 1.3%（N=9），高中（中专）占 13.5%（N=95），大专占 37.3%（N=263），本科占 41.8%（N=295），硕士及以上占 6.1%（N=43）。从收入水平上来看，1 000 元以下占 14.6%（N=103），1 001~3 000 元占 25.2%（N=178），3 001~5 000 元占 27.8%（N=196），5 001~8 000 元占 19.3%（N=136），8 001~12 000 元占 9.5%（N=67），12 001 元以上占 3.5%（N=25）。从职业结构上来看，企业从业人员占 23.3%（N=164），政府机关人员占 4.5%（N=32），事业单位人员占 10.1%（N=71），个体经营者占 9.5%（N=67），在校学生占 26.4%（N=186），制造生产型企业工人占 4.7%（N=33），农民占 0.4%（N=3），自由职业者占 9.9%（N=70），其他占 11.2%（N=79）。

在社交媒体使用方面（见表 5-13），样本的社交媒体使用频率日均为 1 小时以下的占 4%（N=28），日均使用频率为 1~2 小时的占 19.3%（N=136），日均使用频率为 2~4 小时的占 30.4%（N=214），日均使用频率为 4~6 小时的占 24.8%（N=175），日均使用频率为 6~8 小时的占 11.3%（N=80），日均使用频率在 8 小时以上的占 10.2%（N=72）。在社交媒体使用历史上，3 年以内的占 7.7%（N=54），3~5 年的占 28.5%（N=201），5~8 年的占 34%（N=240），8 年以上的占 29.8%（N=210）。社交媒体使用类型为一道多选题（最多三项），从样本分布来看，涉及国内当前主要的社交媒体平台用户，其中排名前三的分别是微信（朋友圈）占 94.3%（N=665），微博占 63.3%（N=446），QQ（QQ 空间）占 56.9%（N=401）。

表 5-13　样本的人口统计学分布

属性	分类	样本数量	比例（%）
性别	男	326	46.2
	女	379	53.8
年龄	19 岁及以下	62	8.8
	20~29 岁	517	73.3
	30~39 岁	124	17.6
	40~49 岁	2	0.3

（续表）

属性	分类	样本数量	比例（%）
教育水平	初中及以下	9	1.3
	高中（中专）	95	13.5
	大专	263	37.3
	本科	295	41.8
	硕士及以上	43	6.1
收入水平	1 000 元以下	103	14.6
	1 001~3 000 元	178	25.2
	3 001~5 000 元	196	27.8
	5 001~8 000 元	136	19.3
	8 001~12 000 元	67	9.5
	12 001 元以上	25	3.5
职业	企业从业人员	164	23.3
	政府机关人员	32	4.5
	事业单位人员	71	10.1
	个体经营者	67	9.5
	在校学生	186	26.4
	制造生产型企业工人	33	4.7
	农民	3	0.4
	自由职业者	70	9.9
	其他	79	11.2
使用频率	1 小时以下	28	4
	1~2 小时	136	19.3
	2~4 小时	214	30.4
	4~6 小时	175	24.8
	6~8 小时	80	11.3
	8 小时以上	72	10.2
使用历史	3 年以内	54	7.7
	3~5 年	201	28.5
	5~8 年	240	34
	8 年以上	210	29.8

（续表）

属性	分类	样本数量	比例（%）
使用类型 （多选）	论坛 / 社区	180	25.50
	微博	446	63.30
	微信	665	94.30
	QQ	401	56.90
	抖音	444	63.00
	人人网	36	5.10
	其他	119	16.90

5.1.4 样本数据基本描述

对样本数据进行基本的统计分析，不仅能够使研究者更清晰、准确地把握样本的基本特征，而且是进行信度与效度检验，以及变量之间关系验证的前提。这样做的目的在于保证样本数据的合理性，如样本数据是否符合正态分布，其集中趋势、离散趋势是否合理等。在描述性统计中，数据是否符合正态分布，一般可以通过峰度和偏度指标来检验，集中趋势可以通过均值来反映，离散趋势则通过方差、标准差来衡量。基于此，本节首先运用 SPSS 对最终的 705 份样本的均值、标准差、方差、偏度和峰度进行描述性统计，统计结果如表 5-14 所示。

表 5-14 描述性统计分析结果

变量	均值	标准差	方差	偏度	峰度
丰富性	3.922	0.672	0.451	−0.374	0.485
可联系性	3.790	0.709	0.502	−0.191	0.092
可见性	3.919	0.684	0.468	−0.298	0.042
群体认同	3.950	0.684	0.468	−0.385	0.188
亲社会自我认同	4.058	0.631	0.398	−0.208	−0.347
网络共情体验	3.612	0.645	0.417	−0.038	0.456

（续表）

变量	均值	标准差	方差	偏度	峰度
自我效能感	3.681	0.734	0.538	-0.327	0.440
情感支持	3.733	0.747	0.559	-0.382	0.870
网络贡献	3.829	0.700	0.490	-0.362	0.227
爱心行动	3.702	0.746	0.558	-0.174	-0.198

从表 5-14 中可知，本节测量的社交媒体丰富性、可联系性、可见性、群体认同、亲社会自我认同、网络共情体验、自我效能感、情感支持、网络贡献和爱心行动共十个变量各维度及测量题项的测量值分布较为均衡。首先测量值的标准差介于 0.631~0.747，均小于均值的 1/2，样本离散程度不大；其次，峰度绝对值介于 0.042~0.485，小于 3，偏度的绝对值介于 0.038~0.385，小于 3。按照克兰（Kline，P.，1998）对统计数据符合正态性分布的检验标准，本节的数据符合正态分布。描述性统计分析结果表明，本研究涉及的 705 份样本的数据符合正态分布，集散程度符合实证分析对样本数据合理性的要求。

5.2 信度与效度检验

5.2.1 信度检验

信度是指重复多次测量所得数据的一致性，它主要反映测量题项是否属于同一构念。本节通过 Cronbach's α 系数与校正的项总计相关性（CTIC）来对问卷内部一致性进行判别。

正式调查问卷包含 48 个测量题项，为保证量表的内部一致性，我们通过 SPSS 21.0 软件对最终样本数据进行 Cronbach's α 系数检验，统计分析结果如表 5-15 所示。由 48 个测量题项构成的总量表信度系数为 0.967，这表明问卷总的内部一致性良好。

表 5-15　量表的信度分析

变量	CTIC	已删除项的 Cronbach's α 值	Cronbach's α 值
丰富性	0.745	0.833	0.872
	0.706	0.843	
	0.720	0.839	
	0.671	0.851	
	0.651	0.857	
可联系性	0.709	0.680	0.807
	0.669	0.722	
	0.590	0.803	
可见性	0.697	0.792	0.842
	0.732	0.757	
	0.694	0.793	
群体认同	0.723	0.877	0.896
	0.730	0.875	
	0.693	0.881	
	0.768	0.869	
	0.691	0.882	
	0.711	0.878	
亲社会自我认同	0.750	0.872	0.896
	0.773	0.867	
	0.815	0.857	
	0.752	0.872	
	0.649	0.870	
网络共情体验	0.610	0.828	0.849
	0.572	0.834	
	0.543	0.838	
	0.620	0.827	
	0.686	0.817	
	0.613	0.828	
	0.619	0.827	

（续表）

变量	CTIC	已删除项的 Cronbach's α 值	Cronbach's α 值
自我效能感	0.673	0.741	0.816
	0.708	0.704	
	0.625	0.789	
情感支持	0.498	0.934	0.853
	0.647	0.930	
	0.699	0.929	
	0.662	0.929	
	0.679	0.929	
网络贡献	0.623	0.930	0.882
	0.677	0.929	
	0.661	0.929	
	0.689	0.929	
	0.738	0.928	
爱心行动	0.695	0.929	0.874
	0.647	0.930	
	0.706	0.928	
	0.669	0.929	
	0.615	0.931	
	0.677	0.929	
总量表			0.967

从量表来看，前因变量社交媒体丰富性、可联系性、可见性的 Cronbach's α 值分别为 0.872、0.807、0.842，中介变量群体认同、亲社会自我认同、网络共情体验、自我效能感的 Cronbach's α 值分别为 0.896、0.896、0.849、0.816，情感支持的 Cronbach's α 值为 0.853，网络贡献的 Cronbach's α 值为 0.882，爱心行动的 Cronbach's α 值为 0.874。各量表删除其中任何一个测量题项后的 Cronbach's α 值均比未删除状态下的系数小。此外，各测量题项的 CTIC，即校正的项总计相关性均大于 0.5。上述统计结果表明，正式问卷中各量表的一致性水平良好。

5.2.2　效度检验

效度能够反映样本数据对被测对象进行准确测量的程度，是测量有效性的指标。在社会科学研究中，效度包括内容效度与结构效度，而结构效度又通过聚敛效度与区分效度进行检验。本节主要通过验证性因子分析（CFA）对结构效度进行分析和检验。由于本研究所采用的量表除结构变量亲社会参与外，全部参考相关研究领域中的成熟量表，且在预调查阶段根据被试和专家意见进行了修订，而本节所开发的亲社会参与量表在预研究中也通过了多轮专家讨论，最终才形成了正式问卷，因此在内容效度方面已得到确认。

5.2.2.1　聚敛效度

聚敛效度指的是测量相同潜在特质或构念的观察变项会处于相同的因子层面中，观察变项在此构念上具有较高的因子载荷（吴明隆，2013），代表的是观察变项能够有效反映构念的程度。聚敛效度的检验可通过验证性因子分析来实现，并通过统计因子载荷、平均方差抽取量（AVE）、组合信度（CR）三个指标来反映。其中，因子载荷应当高于 0.5，如果在 0.7 以上则表示理想，平均方差抽取量（AVE）的一般判别标准为 0.5，组合信度（CR）在 0.7 以上则表示测量模型的构念信度良好。

平均方差抽取量的估算公式如下。

$$\rho_u = \frac{\left(\sum \lambda^2\right)}{\left[\left(\sum \lambda^2\right) + \sum(\theta)\right]} = \frac{\left(\sum \text{标准化因子载荷量}^2\right)}{\left(\sum \text{标准化因子载荷量}^2\right) + \sum(\theta)} \tag{5-1}$$

组合信度的估算公式如下。

$$\rho_c = \frac{\left(\sum \lambda\right)^2}{\left[\left(\sum \lambda\right)^2 + \sum(\theta)\right]} = \frac{\left(\sum \text{标准化因子载荷量}\right)^2}{\left(\sum \text{标准化因子载荷量}\right)^2 + \sum(\theta)} \tag{5-2}$$

在公式（5-1）和公式（5-2）中，λ 为观察变项在潜变量上的标准化参数估计值，即标准化因子载荷，θ 为观察变项的误差方差。

本节先通过 Amos 23.0 软件对各变量进行验证性因子分析，从而得到各变量所包含的观察变项的标准化因子载荷，然后通过上述公式分别计算平均方差抽取量、组合信度，以此来反映各变量测量数据的聚敛效度，具体统计结果如表 5-16 所示。按照上述判别标准，调查问卷中涉及的丰富性、可联系性、可见性、群体认同、亲社会自我认同、网络共情体验、自我效能感、情感支持、网络贡献、爱心行动的标准化因子载荷均在 0.5 以上。同时，平均方差抽取量均在 0.5 以上。由此可知，本研究所采用的量表具有较好的收敛效度，调查数据具有有效性。

表 5-16　量表的验证性因子分析结果

变量	题项	标准化因子载荷	标准化系数平方（SMC）	标准化残差（1-SMC）	CR	AVE
丰富性	1	0.837	0.701	0.299	0.873	0.579
	2	0.785	0.616	0.384		
	3	0.759	0.576	0.424		
	4	0.723	0.523	0.477		
	5	0.692	0.479	0.521		
可联系性	1	0.815	0.664	0.336	0.813	0.593
	2	0.796	0.634	0.366		
	3	0.694	0.482	0.518		
可见性	1	0.797	0.635	0.365	0.843	0.642
	2	0.817	0.667	0.333		
	3	0.79	0.624	0.376		
群体认同	1	0.835	0.697	0.303	0.923	0.666
	2	0.837	0.701	0.299		
	3	0.771	0.594	0.406		
	4	0.869	0.755	0.245		
	5	0.813	0.661	0.339		
	6	0.765	0.585	0.415		

（续表）

变量	题项	标准化因子载荷	标准化系数平方（SMC）	标准化残差（1-SMC）	CR	AVE
亲社会自我认同	1	0.817	0.667	0.333	0.900	0.645
	2	0.837	0.701	0.299		
	3	0.866	0.750	0.250		
	4	0.798	0.637	0.363		
	5	0.687	0.472	0.528		
网络共情体验	1	0.795	0.632	0.368	0.885	0.526
	2	0.774	0.599	0.401		
	3	0.764	0.584	0.416		
	4	0.682	0.465	0.535		
	5	0.699	0.489	0.511		
	6	0.662	0.438	0.562		
	7	0.687	0.472	0.528		
自我效能感	1	0.77	0.593	0.407	0.818	0.601
	2	0.813	0.661	0.339		
	3	0.74	0.548	0.452		
情感支持	1	0.582	0.339	0.661	0.858	0.551
	2	0.769	0.591	0.409		
	3	0.811	0.658	0.342		
	4	0.76	0.578	0.422		
	5	0.766	0.587	0.413		
网络贡献	1	0.693	0.480	0.520	0.868	0.525
	2	0.762	0.581	0.419		
	3	0.727	0.529	0.471		
	4	0.785	0.616	0.384		
	5	0.791	0.626	0.374		
	6	0.564	0.318	0.682		

（续表）

变量	题项	标准化因子载荷	标准化系数平方（SMC）	标准化残差（1-SMC）	CR	AVE
爱心行动	1	0.746	0.557	0.443	0.875	0.584
	2	0.818	0.669	0.331		
	3	0.767	0.588	0.412		
	4	0.727	0.529	0.471		
	5	0.761	0.579	0.421		

5.2.2.2　区分效度

区分效度是指构念所代表的潜在特质和其他构念所代表的潜在特质之间存在低相关关系或有显著差异，即题项应该只反映一个构念，没有跨因子而存在（吴明隆，2013）。表5-17的统计结果中对角线上为潜在变量的平均方差抽取量的算术平方根，即AVE的平方根，其余值为变量之间的相关系数与显著性水平验证结果。结果显示，变量平均方差抽取量的算术平方根均大于各变量之间的相关系数，这表明研究量表区分效度良好。此外，相对系数及显著性水平的计算结果还表明各变量之间存在相关关系，这为本书后续章节对变量之间的假设关系进行检验提供了支持。

表5-17　区分效度（相关系数与AVE算术平方根）

变量	1	2	3	4	5	6	7	8	9	10
丰富性	0.76									
可联系性	0.571**	0.77								
可见性	0.628**	0.609**	0.801							
群体认同	0.593**	0.593**	0.642**	0.816						
亲社会自我认同	0.481**	0.490**	0.500**	0.550**	0.803					
网络共情体验	0.527**	0.493**	0.492**	0.470**	0.457**	0.752				

（续表）

变量	1	2	3	4	5	6	7	8	9	10
自我效能感	0.560**	0.546**	0.550**	0.595**	0.577**	0.505**	0.775			
情感支持	0.504**	0.478**	0.484**	0.528**	0.516**	0.502**	0.612**	0.742		
网络贡献	0.542**	0.571**	0.552**	0.584**	0.531**	0.514**	0.632**	0.684**	0.724	
爱心行动	0.488**	0.559**	0.478**	0.520**	0.544**	0.463**	0.618**	0.614**	0.696**	0.76

注：$*p<0.05$，$**p<0.01$，$***p<0.001$。

5.2.3　共同方法偏差

本节对所有变量的测量全部来自被访者的自填问卷，而由于被访者问卷填答的情绪状态、动机、问题的社会期许及测量指标的客观特征等都可能使预测变量与结果变量发生人为共变，从而带来共同方法偏差。如果一个公因子解释 50% 以上的变异量，则可以判断测量数据存在严重共同方法偏差问题（Podsakoff，P. M.，et al.，2003）。因此，在通过量表问卷进行数据收集的情况下，需要进行共同方法偏差检验。

一般而言，我们可以从程序控制与统计控制两个方面来解决共同方法偏差。在程序控制方面，本节在问卷设计过程中严格遵循社会科学研究问卷设计的一般原则与程序。首先，在量表修订时通过多次讨论和访谈来确保其内容效度，减少由语义表达导致的测量效度问题，并通过预调查的反馈对问卷进行了进一步的修订。其次，进行正式调查时，指导语也明确了问卷答案无对错、好坏之分，收集的数据只用于学术研究，不会收集有关个人身份的隐私信息。在统计控制方面，本节采用 Harman 单因子检验的方法，使用探索性因子分析将本节中所有由测量工具收集的数据进行统计分析。结果共析因子中最大方差解释率为 24.01%，小于 40%，没有一个因子能够解释绝大多数变量的情况存在，表明共同方法偏差对本研究影响不大。

5.3　假设检验

在数理统计分析方法中，确定两个或两个以上变量之间关系的方法有多种，而回归分析法是比较常用的分析方法。经过对数据质量的层层检验，本节的调查数据能够满足回归分析法的要求。本节采用回归分析法对变量之间的关系进行检验，具体选用 SPSS21.0 统计分析软件进行。

5.3.1　直接作用假设检验

在假设检验之前，首先要确定模型中的控制变量。本节将性别、受教育水平两个人口学因素和社交媒体使用频率作为控制变量。

本节涉及的直接作用假设关系检验包括社交媒体可供性分别与群体认同、亲社会自我认同、网络共情体验、自我效能感及亲社会参与三维度之间的关系，以及群体认同、亲社会自我认同、网络共情体验和自我效能感与亲社会参与三维度之间的关系。

5.3.1.1　可供性与自我决定感、亲社会参与

首先，建立模型 M1a、M2a、M3a、M4a、M5a、M6a、M7a，分别以群体认同、亲社会自我认同、网络共情体验、自我效能感、情感支持、网络贡献、爱心行动为因变量，探讨控制变量与因变量之间的关系。其次，在模型 M1a、M2a、M3a、M4a、M5a、M6a、M7a 的基础上，在每个模型中加入自变量丰富性、可联系性、可见性，构建模型 M1b、M2b、M3b、M4b、M5b、M6b、M7b，在控制相关变量的情况下，检验丰富性、可见性、可联系性加入模型后原模型的变化，探讨三个自变量分别对群体认同、亲社会自我认同、网络共情体验、自我效能感、情感支持、网络贡献、爱心行动的影响，具体如表 5-18所示。

表 5-18　可供性与自我决定感、亲社会参与的回归分析结果

变量	M1 群体认同		M2 亲社会自我认同		M3 网络共情体验		M4 自我效能感		M5 情感支持		M6 网络贡献		M7 爱心行动	
	M1a	M1b	M2a	M2b	M3a	M3b	M4a	M4b	M5a	M5b	M6a	M6b	M7a	M7b
性别	-0.062	0.035	-0.069	0.010	-0.051	0.037	-0.126**	-0.033	-0.153***	-0.07*	-0.167***	-0.078***	-0.126**	-0.045
教育水平	0.111**	0.080**	0.080*	0.056	-0.029	-0.057	0.052	0.024	-0.040	-0.066*	-0.057	-0.084***	-0.060	-0.083**
使用频率	0.149***	0.017	0.103**	-0.002	0.081*	-0.028	0.039	-0.081**	0.056	-0.049	0.093*	-0.024	0.058	-0.047
可见性		0.337***		0.230***		0.178***		0.236***		0.199***		0.230***		0.141**
丰富性		0.235***		0.200***		0.301***		0.270***		0.26***		0.222***		0.195***
可联系性		0.253***		0.235***		0.220***		0.254***		0.211***		0.303***		0.366***
R^2	0.034	0.515	0.019	0.330	0.008	0.353	0.019	0.425	0.023	0.338	0.032	0.434	0.019	0.375
调整 R^2	0.030	0.511	0.015	0.325	0.004	0.347	0.015	0.420	0.019	0.333	0.028	0.429	0.014	0.369
F	8.321***	123.733***	4.519**	57.409***	1.904	63.447***	4.538**	85.841***	5.613***	59.485***	7.647***	89.180***	4.424**	69.738***

注：*$p<0.05$，**$p<0.01$，***$p<0.001$。

145

由模型 M1 可知，M1a 的教育水平（$\beta=0.111$，$p<0.01$）、社交媒体使用频率（$\beta=0.149$，$p<0.001$）控制变量对群体认同存在显著影响，M1b 模型纳入丰富性、可见性、可联系性后，社交媒体使用频率控制变量对群体认同的影响不再显著，并且，M1b 模型 R^2 值有显著提升，R^2 变为 0.515，这表明丰富性、可见性、可联系性对群体认同产生重要影响。具体而言，丰富性（$\beta=0.235$，$p<0.001$）、可见性（$\beta=0.337$，$p<0.001$）、可联系性（$\beta=0.253$，$p<0.001$）均对群体认同产生正向影响，教育水平对群体认同产生正向影响。结果表明，在突发公共卫生事件中，社交媒体丰富性、可见性、可联系性对群体认同的直接作用显著，因此假设 H1-1、H1-2、H1-3 成立。

在模型 M2 中，M2a 的教育水平（$\beta=0.080$，$p<0.05$）、社交媒体使用频率（$\beta=0.103$，$p<0.01$）的控制变量对亲社会自我认同存在显著影响。M2b 中随着丰富性、可见性、可联系性的加入，教育水平、社交媒体使用频率控制变量对亲社会自我认同的影响不再显著，并且，M2b 的 $R^2=0.330$，表明 M2b 比 M2a 具有更好的解释力。具体而言，丰富性（$\beta=0.200$，$p<0.001$）、可见性（$\beta=0.230$，$p<0.001$）、可联系性（$\beta=0.235$，$p<0.001$）均对亲社会自我认同产生正向影响。结果表明，在突发公共卫生事件中，社交媒体丰富性、可见性、可联系性对亲社会自我认同的直接作用显著，因此假设 H2-1、H2-2、H2-3 成立。

在模型 M3 中，M3a 中的社交媒体使用频率（$\beta=0.081$，$p<0.05$）的控制变量对网络共情体验存在显著影响。随着丰富性、可见性、可联系性的加入，社交媒体使用频率对网络共情体验的影响不再显著，M3b 的 $R^2=0.353$，说明 M3b 比 M3a 具有更好的解释力。具体而言，丰富性（$\beta=0.301$，$p<0.001$）、可见性（$\beta=0.178$，$p<0.001$）、可联系性（$\beta=0.220$，$p<0.001$）均对网络共情体验产生正向影响。结果表明，在突发公共卫生事件中，社交媒体的丰富性、可见性、可联系性对网络共情体验的直接作用显著，因此假设 H3-1、H3-2、H3-3 成立。

在模型 M4 中，M4a 的性别（$\beta=-0.126$，$p<0.01$）控制变量对自我效能感存在显著影响。M4b 中随着丰富性、可见性、可联系性的加入，性别对自我效能感的影响不再显著，但社交媒体使用频率（$\beta=-0.081$，$p<0.01$）对自我效能感具有

显著影响。M4b 的 R^2=0.425，说明 M4b 比 M4a 具有更好的解释力。具体而言，丰富性（β=0.270，$p<0.001$）、可见性（β=0.236，$p<0.001$）、可联系性（β=0.254，$p<0.001$）均对自我效能感产生正向影响，社交媒体使用频率对自我效能感产生负向影响。结果表明，在突发公共卫生事件中，社交媒体的丰富性、可见性、可联系性对自我效能感的直接作用显著，因此假设 H4-1、H4-2、H4-3 成立。

在模型 M5 中，M5a 的性别（β=−0.153，$p<0.001$）控制变量对情感支持存在显著影响，M5b 中随着丰富性、可见性、可联系性的加入，性别（β=−0.070，$p<0.05$）、教育水平（β=−0.066，$p<0.05$）对情感支持产生显著影响。M5b 的 R^2=0.338，说明 M5b 比 M5a 具有更好的解释力。具体而言，丰富性（β=0.26，$p<0.001$）、可见性（β=0.199，$p<0.001$）、可联系性（β=0.211，$p<0.001$）均对情感支持产生正向影响，性别和教育水平对情感支持产生负向影响。结果表明，在突发公共卫生事件中，社交媒体的丰富性、可见性、可联系性对情感支持的作用显著，因此假设 H9-1a、H9-1a、H9-3a 成立。

在模型 M6 中，M6a 的性别（β=−0.167，$p<0.001$）、社交媒体使用频率（β=0.093，$p<0.05$）的控制变量对网络贡献产生显著影响，M6b 中随着丰富性、可见性、可联系性的加入，社交媒体使用频率对网络贡献的影响不再显著，性别（β=−0.078，$p<0.01$）、教育水平（β=−0.084，$p<0.01$）对网络贡献产生显著影响。M6b 的 R^2=0.434，说明 M6b 比 M6a 具有更好的解释力。具体而言，丰富性（β=0.222，$p<0.001$）、可见性（β=0.230，$p<0.001$）、可联系性（β=0.303，$p<0.001$）均对网络贡献产生正向影响，性别和教育水平对网络贡献产生负向影响。结果表明，在突发公共卫生事件中，社交媒体的丰富性、可见性、可联系性对网络贡献的作用显著，因此假设 H9-1b、H9-2b、H9-3b 成立。

在模型 M7 中，M7a 的性别（β=−0.126，$p<0.01$）控制变量对爱心行动产生显著影响。M7b 中随着丰富性、可见性、可联系性的加入，性别对爱心行动的影响不再显著，教育水平（β=−0.083，$p<0.01$）对爱心行动产生显著影响。M7b 的 R^2=0.375，说明 M7b 比 M7a 具有更好的解释力。具体而言，丰富性（β=0.195，$p<0.001$）、可见性（β=0.141，$p<0.01$）、可联系性（β=0.366， *p*<0.001）均对爱心行动产生正向影响，教育水平对爱心行动产生负向影响。结果表明，在突发公共卫生事件中，社交媒体的丰富性、可见性、可联系性对爱心行动的作用显著，因此假设 H9-1c、H9-2c、H9-3c 成立。

以上分析结果表明，社交媒体的丰富性、可联系性、可见性分别对群体认同、亲社会自我认同、网络共情体验、自我效能感、情感支持、网络贡献、爱心行动具有正向影响。其中，模型 M5b、M6b、M7b 检验的是丰富性、可联系性、可见性对情感支持、网络贡献、爱心行动分别影响的主效应，即不考虑任何中介因素情形下社交媒体可供性对突发公共卫生事件亲社会参与行为三个维度的作用情况。研究结果虽然验证了可供性与亲社会参与之间的显著关系，但这种显著影响是如何实现的，自我决定感各因素在其中起的中介作用如何，还需要通过中介检验来揭示。

5.3.1.2 自我决定感与亲社会参与

首先，建立模型 M6a、M7a、M8a，分别以情感支持、网络贡献、爱心行动为因变量，探讨控制变量与因变量之间的关系。其次，在模型 M6a、M7a、M8a、M9a、M10a 的基础上，在每个模型中加入自变量群体认同、亲社会自我认同、网络共情体验、自我效能感，构建模型 M6b、M7b、M8b，在控制相关变量的情况下，检验群体认同、亲社会自我认同、网络共情体验、自我效能感加入模型后原模型的变化，探讨其分别对情感支持、网络贡献、爱心行动的影响，具体分析结果如表 5-19 所示。

表 5-19　自我决定感与亲社会参与的回归分析结果

变量	M5 情感支持		M6 网络贡献		M7 爱心行动	
	M5a	M5b	M6a	M6b	M7a	M7b
性别	−0.153***	−0.082**	−0.167***	−0.094**	−0.126**	−0.053
教育水平	−0.040	−0.083**	−0.057	−0.107***	−0.060	−0.109***
使用频率	0.056	−0.013	0.093*	0.016	0.058	−0.009

（续表）

变量	M5 情感支持		M6 网络贡献		M7 爱心行动	
	M5a	M5b	M6a	M6b	M7a	M7b
群体认同		0.173***		0.247***		0.155***
亲社会自我认同		0.155***		0.140***		0.215***
网络共情体验		0.183***		0.169***		0.115**
自我效能感		0.322***		0.314***		0.344***
R^2	0.023	0.474	0.032	0.522	0.019	0.474
调整 R^2	0.019	0.468	0.028	0.517	0.014	0.469
F	5.613**	89.643***	7.647***	108.857***	4.424**	89.713***

注：*$p<0.05$，**$p<0.01$，***$p<0.001$。

在模型 M5 中，M5a 的性别（$\beta=-0.153$，$p<0.001$）控制变量对情感支持产生显著影响。M5b 中教育水平（$\beta=-0.083$，$p<0.01$）控制变量随着自变量群体认同、亲社会自我认同、网络共情体验、自我效能感的加入，对情感支持产生显著影响。M5b 的 $R^2=0.474$，说明 M5b 比 M5a 具有更好的解释力。具体而言，群体认同（$\beta=0.173$，$p<0.001$）、亲社会自我认同（$\beta=0.155$，$p<0.001$）、网络共情体验（$\beta=0.183$，$p<0.001$）、自我效能感（$\beta=0.322$，$p<0.001$）均对情感支持产生正向影响，性别和教育水平对情感支持产生负向影响。结果表明，在突发公共卫生事件中群体认同、亲社会自我认同、网络共情体验、自我效能感对情感支持的直接作用显著，因此假设 H5-1、H6-1、H7-1、H8-1 成立。

在模型 M6 中，M6a 的性别（$\beta=-0.167$，$p<0.001$）、社交媒体使用频率（$\beta=0.093$，$p<0.05$）控制变量对网络贡献产生显著影响。M6b 中随着群体认同、亲社会自我认同、网络共情体验、自我效能感的加入，社交媒体使用频率对网络贡献的影响不再显著，性别（$\beta=-0.094$，$p<0.01$）、教育水平（$\beta=-0.107$，$p<0.001$）对网络贡献产生显著影响。M6b 的 $R^2=0.522$，说明 M6b 比 M6a 具有更好的解释力。具体而言，群体认同（$\beta=0.247$，$p<0.001$）、亲社会自我认同（$\beta=0.140$，$p<0.001$）、网络共情体验（$\beta=0.169$，$p<0.001$）、自我效能感（$\beta=0.314$，$p<0.001$）均对网络贡献产生正向影响，性别和教育水平对网络贡献

产生负向影响。结果表明，在突发公共卫生事件中，群体认同、亲社会自我认同、网络共情体验、自我效能感对网络贡献的直接作用显著，因此假设 H5-2、H6-2、H7-2、H8-2 成立。

在模型 M7 中，M7a 中的性别（β=-0.126，$p<0.01$）控制变量对爱心行动产生显著影响，M7b 中随着群体认同、亲社会自我认同、网络共情体验、自我效能感的加入，性别对爱心行动的影响不再显著，教育水平（β=-0.109，$p<0.001$）对爱心行动产生显著影响。M7b 的 R^2=0.474，说明 M7b 比 M7a 具有更好的解释力。具体而言，群体认同（β=0.155，$p<0.001$）、亲社会自我认同（β=0.215，$p<0.001$）、网络共情体验（β=0.115，$p<0.01$）、自我效能感（β=0.344，$p<0.001$）均对爱心行动产生正向影响，教育水平对爱心行动产生负向影响。结果表明，在突发公共卫生事件中，群体认同、亲社会自我认同、网络共情体验、自我效能感对爱心行动的直接作用显著，因此假设 H5-3、H6-3、H7-3、H8-3 成立。

5.3.2　中介作用假设检验

中介模型的估计方法十分丰富，麦金农等人（Mackinnon，et al.）将这些方法归纳为三类。一是以巴伦和肯尼为代表的逐步法（casual steps approach），通过依次检验回归系数来估计中介效应。二是检验总效应（c）和直接效应（c'），并根据其差值进行估计的系数差异法。三是检验自变量对中介变量的影响系数 a，与中介变量对因变量的影响系数 b 之间乘积 ab 显著性的系数乘积法，如 Sobel 检验法、Bootstrap 法。相比之下，目前普遍认为较好的是 Bootstrap 法，它通过对样本进行多次重复抽样来检验系数乘积的显著性。鉴于此，本节通过 Bootstrap 法进行中介效应检验，具体通过 SPSS 应用 PROCESS 宏程序来实现。

本节的中介模型由多个多重中介模型构成（多重中介变量示意图如图 5-1 所示），在使用 Bootstrap 法进行多重中介估计时，会通过从样本中进行重复抽样之后计算各中介路径上的系数乘积 a_jb_j。在各系数乘积值进行升序排列之后进行 95% 置信度下偏差校正的 Bootstrap 置信区间估计，从而分别得到 a_1b_1、$a_2b_2\cdots\cdots a_jb_j$ 的置信区间。最后根据置信区间是否包含 0 进行中介作用的估计，若置信区间不包括 0，表明中介效应显著，反之则不显著。

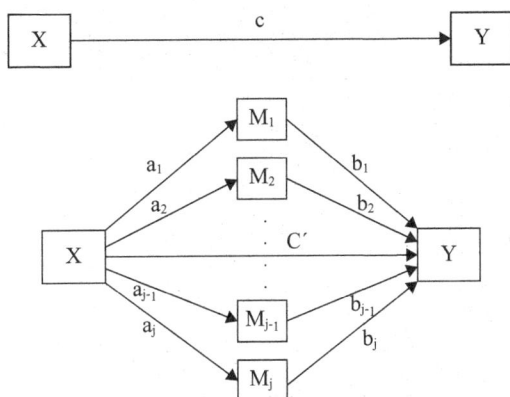

图 5-1　多重中介变量示意图

根据以往的研究做法，本节通过设定 Bootstrap 样本量（5 000）、显著性水平（95%）来执行中介效应检验，估算出了群体认同、亲社会自我认同、网络共情体验和自我效能感四个自我决定感变量分别在各社交媒体可供性变量与亲社会参与之间的中介作用，最后得到了总效应、间接效应、直接效应在 95% 的置信度下的效应值、标准误和区间值。

5.3.2.1　丰富性与亲社会参与的中介效应

丰富性与亲社会参与的中介效应如表 5-20 所示。

表 5-20　丰富性与亲社会参与的中介效应

关系与效应类型	效应	标准误	下限	上限
直接效应	0.105	0.051	0.005	0.204
总间接效应	0.450	0.039	0.373	0.528
丰富性 – 群体认同 – 情感支持	0.083	0.030	0.022	0.142
丰富性 – 亲社会认同 – 情感支持	0.075	0.023	0.031	0.120

关系与效应类型	效应	标准误	下限	上限
丰富性 – 网络共情体验 – 情感支持	0.097	0.028	0.044	0.153
丰富性 – 自我效能感 – 情感支持	0.195	0.030	0.138	0.257
直接效应	0.122	0.044	0.034	0.208
总间接效应	0.437	0.036	0.369	0.509
丰富性 – 群体认同 – 网络贡献	0.119	0.033	0.057	0.184
丰富性 – 亲社会认同 – 网络贡献	0.062	0.022	0.018	0.103
丰富性 – 网络共情体验 – 网络贡献	0.082	0.021	0.042	0.124
丰富性 – 自我效能感 – 网络贡献	0.174	0.030	0.117	0.235
直接效应	0.088	0.047	-0.006	0.176
总间接效应	0.448	0.039	0.377	0.527
丰富性 – 群体认同 – 爱心行动	0.073	0.030	0.015	0.134
丰富性 – 亲社会认同 – 爱心行动	0.106	0.023	0.061	0.152
丰富性 – 网络共情体验 – 爱心行动	0.062	0.024	0.016	0.110
丰富性 – 自我效能感 – 爱心行动	0.207	0.034	0.141	0.276

首先，丰富性对情感支持的总间接效应值为 0.450，95% 置信度下的偏差校正 Bootstrap 置信区间数值为 [0.373,0.528]，且区间内不包含 0，表明总间接效应显著；丰富性对情感支持的直接效应值为 0.105，置信区间为 [0.005,0.204]，且区间内不包含 0，两者直接效应也显著，与间接效应值符号相同，表明丰富性和情感支持之间具有部分中介效应，间接效应量（ab/c）为 81%。

其次，丰富性对网络贡献的总间接效应值为 0.437，偏差校正 Bootstrap 置信区间为 [0.369,0.509]，且区间内不包含 0，表明总间接效应显著；丰富性对网络贡献的直接效应值为 0.122，置信区间为 [0.034,0.208]，且不包含 0，两者的直接效应也显著，表明丰富性和网络贡献之间具有部分中介效应，间接效应量（ab/c）为 78.2%。

再次，丰富性对爱心行动的总间接效应值为 0.448，置信区间为 [0.377,0.527]，不包含 0，表明总间接效应显著；丰富性对爱心行动的直接效应值为 0.088，置信区间为 [-0.006,0.176]，包含 0，两者的直接效应不显著，表明丰富性和爱心行动之间具有完全中介效应。

各中介变量的中介效应检验结果显示，群体认同在丰富性和情感支持之间的中介效应值为 0.083，偏差校正置信区间为 [0.022,0.142]，不包含 0，表明群体认同在丰富性和情感支持之间中介效应显著；群体认同在丰富性和网络贡献之间中介效应值为 0.119，置信区间为 [0.057,0.184]，不包含 0，表明群体认同在丰富性和网络贡献之间中介效应显著；群体认同在丰富性和爱心行动之间中介效应值为 0.073，偏差校正置信区间为 [0.015,0.134]，不包含 0，表明群体认同在丰富性和爱心行动之间中介效应显著。至此假设 H10-1 得到验证，群体认同在丰富性与用户亲社会参与之间起中介作用。

亲社会自我认同在丰富性和情感支持之间中介效应值为 0.075，置信区间为 [0.031,0.120]，不包含 0，表明亲社会自我认同在丰富性和情感支持之间中介效应显著；亲社会自我认同在丰富性和网络贡献之间中介效应值为 0.062，置信区间为 [0.018,0.103]，不包含 0，表明亲社会自我认同在丰富性和网络贡献之间中介效应显著；亲社会自我认同在丰富性和爱心行动之间中介效应值为 0.106，置信区间为 [0.061,0.152]，不包含 0，表明亲社会自我认同在丰富性和爱心行动之间中介效应显著。至此假设 H11-1 得到验证，亲社会自我认同在丰富性与亲社会参与之间起中介作用。

网络共情体验在丰富性和情感支持之间中介效应值为 0.097，置信区间为 [0.044,0.153]，不包含 0，表明网络共情体验在丰富性和情感支持之间中介效应显著；网络共情体验在丰富性和网络贡献之间中介效应值为 0.082，置信区间为 [0.042,0.124]，不包含 0，表明网络共情体验在丰富性和网络贡献之间中介效应显著；网络共情体验在丰富性和爱心行动之间中介效应值为 0.062，置信区间为 [0.016,0.110]，不包含 0，表明网络共情体验在丰富性和爱心行动之间中介效应显著。至此假设 H12-1 得到验证，网络共情体验在丰富性与用户亲社会参与之间起中介作用。

自我效能感在丰富性和情感支持之间中介效应值为 0.195，置信区间为 [0.138,0.257]，不包含 0，表明自我效能感在丰富性和情感支持之间中介效应显著；自我效能感在丰富性和网络贡献之间中介效应值为 0.174，置信区间为 [0.117,0.235]，不包含 0，表明自我效能感在丰富性和网络贡献之间中介效应显著；自我效能感在丰富性和爱心行动之间中介效应值为 0.207，置信区间为 [0.141,0.276]，不包含 0，表明自我效能感在丰富性和爱心行动之间中介效应显著。至此假设 H13-1 得到验证，自我效能感在丰富性与用户亲社会参与之间起中介作用。

5.3.2.2 可联系性与亲社会参与之间的中介效应

可联系性与亲社会参与之间的中介效应如表 5-21 所示。

表 5-21 可联系性与亲社会参与之间的中介效应

关系与效应类型	效应	标准误	下限	上限
直接效应	0.066	0.045	−0.020	0.157
总间接效应	0.438	0.035	0.372	0.507
可联系性−群体认同−情感支持	0.085	0.030	0.027	0.146
可联系性−亲社会认同−情感支持	0.073	0.022	0.029	0.117
可联系性−网络共情体验−情感支持	0.093	0.025	0.047	0.142
可联系性−自我效能感−情感支持	0.187	0.029	0.133	0.244
直接效应	0.182	0.039	0.104	0.261
总间接效应	0.382	0.031	0.321	0.442
可联系性−群体认同−网络贡献	0.100	0.029	0.043	0.157
可联系性−亲社会认同−网络贡献	0.055	0.021	0.012	0.096
可联系性−网络共情体验−网络贡献	0.070	0.019	0.035	0.108
可联系性−自我效能感−网络贡献	0.157	0.028	0.105	0.215
直接效应	0.232	0.044	0.146	0.323
总间接效应	0.357	0.033	0.293	0.421
可联系性−群体认同−爱心行动	0.040	0.027	−0.012	0.093
可联系性−亲社会认同−爱心行动	0.094	0.022	0.053	0.138
可联系性−网络共情体验−爱心行动	0.043	0.021	0.004	0.086
可联系性−自我效能感−爱心行动	0.179	0.031	0.119	0.242

首先，可联系性对情感支持的总间接效应值为 0.438，95% 置信度下的偏差校正 Bootstrap 置信区间为 [0.372,0.507]，不包含 0，表明总间接效应显著；可联系性对情感支持的直接效应值为 0.066，95% 置信度下的偏差校正 Bootstrap 置信区间为 [−0.020,0.157]，包含 0，两者直接效应不显著，间接效应量未表明可联系性和情感支持之间具有完全中介效应。

其次，可联系性对网络贡献的总间接效应值为 0.382，95% 置信度下的偏差校正 Bootstrap 置信区间为 [0.321,0.442]，不包含 0，表明总间接效应显著；可联系性对网络贡献的直接效应值为 0.182，95% 置信度下的偏差校正 Bootstrap 置信区间为 [0.104,0.261]，不包含 0，两者直接效应显著，表明可联系性和网络贡献之间具有部分中介效应，间接效应量（ab/c）为 68%。

再次，可联系性对爱心行动的总间接效应值为 0.357，95% 置信度下的偏差校正 Bootstrap 置信区间为 [0.293,0.421]，不包含 0，表明总间接效应显著；两者直接效应值为 0.232，95% 置信度下的偏差校正 Bootstrap 置信区间为 [0.146,0.323]，不包含 0，直接效应显著。总间接效应值与直接效应值同为正数，表明可联系性和爱心行动之间具有部分中介效应，间接效应量（ab/c）为 61%。

各中介变量的中介效应检验结果显示，群体认同在可联系性和情感支持之间中介效应值为 0.085，置信区间为 [0.027,0.146]，不包含 0，表明群体认同在可联系性和情感支持之间中介效应显著；群体认同在可联系性和网络贡献之间中介效应值为 0.100，置信区间为 [0.043,0.157]，不包含 0，表明群体认同在可联系性和网络贡献之间中介效应显著；群体认同在可联系性和爱心行动之间中介效应值为 0.040，置信区间为 [−0.012,0.093]，包含 0，表明群体认同在可联系性和爱心行动之间中介效应不显著。至此假设 H10-2 只得到部分支持，群体认同在可联系性与情感支持、网络贡献的关系中分别起中介作用，但对可联系性与爱心行动关系的中介效应不显著。

亲社会自我认同在可联系性和情感支持之间中介效应值为 0.073，置信区间为 [0.029,0.117]，不包含 0，表明亲社会自我认同在可联系性和情感支持之间中介效应显著；亲社会自我认同在可联系性和网络贡献之间中介效应值为 0.055，

置信区间为 [0.012,0.096]，不包含 0，表明亲社会自我认同在可联系性和网络贡献之间中介效应显著；亲社会自我认同在可联系性和爱心行动之间中介效应值为 0.094，置信区间为 [0.053,0.138]，不包含 0，表明亲社会自我认同在可联系性和爱心行动之间中介效应显著。至此假设 H11-2 得到验证，亲社会自我认同在可联系性与亲社会参与的关系中起中介作用。

网络共情体验在可联系性和情感支持之间中介效应值为 0.093，置信区间为 [0.047,0.142]，不包含 0，表明网络共情体验在可联系性和情感支持之间中介效应显著；网络共情体验在可联系性和网络贡献之间中介效应值为 0.070，置信区间为 [0.035,0.108]，不包含 0，表明网络共情体验在可联系性和网络贡献之间中介效应显著；网络共情体验在可联系性和爱心行动之间中介效应值为 0.043，置信区间为 [0.004,0.086]，不包含 0，表明网络共情体验在可联系性和爱心行动之间中介效应显著。至此假设 H12-2 得到验证，网络共情体验在可联系性与用户亲社会参与之间起中介作用。

自我效能感在可联系性和情感支持之间中介效应值为 0.187，置信区间为 [0.133,0.244]，不包含 0，表明自我效能感在可联系性和情感支持之间中介效应显著；自我效能感在可联系性和网络贡献之间中介效应值为 0.157，置信区间为 [0.105,0.215]，不包含 0，表明自我效能感在可联系性和网络贡献之间中介效应显著；自我效能感在可联系性和爱心行动之间中介效应值为 0.179，置信区间为 [0.119,0.242]，不包含 0，表明自我效能感在可联系性和爱心行动之间中介效应显著。至此假设 H13-2 得到验证，自我效能感在可联系性与用户亲社会参与之间起中介作用。

5.3.2.3　可见性与亲社会参与之间的中介效应

可见性与亲社会参与之间的中介效应如表 5-22 所示。

表 5-22　可见性与亲社会参与之间的中介效应

关系与效应类型	效应	标准误	下限	上限
直接效应	0.064	0.054	-0.040	0.170
总间接效应	0.464	0.040	0.386	0.546
可见性 – 群体认同 – 情感支持	0.093	0.033	0.028	0.160
可见性 – 亲社会认同 – 情感支持	0.078	0.024	0.031	0.125
可见性 – 网络共情体验 – 情感支持	0.097	0.026	0.048	0.148
可见性 – 自我效能感 – 情感支持	0.197	0.031	0.138	0.263
直接效应	0.137	0.051	0.038	0.237
总间接效应	0.428	0.039	0.355	0.504
可见性 – 群体认同 – 网络贡献	0.116	0.035	0.050	0.187
可见性 – 亲社会认同 – 网络贡献	0.061	0.023	0.017	0.105
可见性 – 网络共情体验 – 网络贡献	0.079	0.020	0.043	0.120
可见性 – 自我效能感 – 网络贡献	0.171	0.029	0.115	0.229
直接效应	0.065	0.049	-0.032	0.162
总间接效应	0.457	0.040	0.379	0.537
可见性 – 群体认同 – 爱心行动	0.079	0.033	0.014	0.143
可见性 – 亲社会认同 – 爱心行动	0.110	0.024	0.065	0.158
可见性 – 网络共情体验 – 爱心行动	0.062	0.022	0.020	0.106
可见性 – 自我效能感 – 爱心行动	0.206	0.032	0.143	0.271

首先，可见性对情感支持的总间接效应值为 0.464，95% 置信度下的偏差校正 Bootstrap 置信区间为 [0.386,0.546]，不包含 0，表明总间接效应显著；可见性对情感支持的直接效应值为 0.064，95% 置信度下的偏差校正 Bootstrap 置信区间为 [–0.040,0.170]，包含 0，直接效应不显著，表明可见性和情感支持之间具有完全中介效应。

其次，可见性对网络贡献的总间接效应值为 0.428，95% 置信度下的偏差校正 Bootstrap 置信区间为 [0.355,0.504]，不包含 0，表明总间接效应显著；两者直接效应值为 0.137，95% 置信度下偏差校正 Bootstrap 置信区间为 [0.038,0.237]，不包含 0，表明直接效应显著；总间接效应值与直接效应值同为正数，表明可见性和网络贡献之间具有部分中介效应，间接效应量（ab/c）为 76%。

再次，可见性对爱心行动的总间接效应值为 0.457，95% 置信度下的偏差校正 Bootstrap 置信区间为 [0.379,0.537]，不包含 0，表明总间接效应显著；可见性对爱心行动的直接效应值为 0.065，95% 置信度下的偏差校正 Bootstrap 置信区间为 [−0.032,0.162]，包含 0，直接效应不显著，表明可见性和爱心行动之间具有完全中介效应。

各中介变量的中介效应检验结果显示，群体认同在可见性和情感支持之间中介效应值为 0.093，置信区间为 [0.028,0.160]，不包含 0，表明群体认同在可见性和情感支持之间中介效应显著；群体认同在可见性和网络贡献之间中介效应值为 0.116，置信区间为 [0.050,0.187]，不包含 0，表明群体认同在可见性和网络贡献之间中介效应显著；群体认同在可见性和爱心行动之间中介效应值为 0.079，置信区间为 [0.014,0.143]，不包含 0，表明群体认同在可见性和爱心行动之间中介效应显著。至此假设 H10-3 得到验证，群体认同在可见性与用户亲社会参与之间起中介作用。

亲社会自我认同在可见性和情感支持之间中介效应值为 0.078，置信区间为 [0.031,0.125]，不包含 0，表明亲社会自我认同在可见性和情感支持之间中介效应显著；亲社会自我认同在可见性和网络贡献之间中介效应值为 0.061，置信区间为 [0.017,0.105]，不包含 0，表明亲社会自我认同在可见性和网络贡献之间中介效应显著；亲社会自我认同在可见性和爱心行动之间中介效应值为 0.110，置信区间为 [0.065,0.158]，不包含 0，表明亲社会自我认同在可见性和爱心行动之间中介效应显著。至此假设 H11-3 得到验证，亲社会自我认同在可见性与用户亲社会参与之间起中介作用。

网络共情体验在可见性和情感支持之间中介效应值为 0.097，置信区间为 [0.048,0.148]，不包含 0，表明网络共情体验在可见性和情感支持之间中介效应显著；网络共情体验在可见性和网络贡献之间中介效应值为 0.079，置信区间为 [0.043,0.120]，不包含 0，表明网络共情体验在可见性和网络贡献之间中介效应显著；网络共情体验在可见性和爱心行动之间中介效应值为 0.062，置信区间为

[0.020,0.106]，不包含 0，表明网络共情体验在可见性和爱心行动之间中介效应显著。至此假设 H12-3 得到验证，网络共情体验在可见性与用户亲社会参与之间起中介作用。

自我效能感在可见性和情感支持之间中介效应值为 0.197，置信区间为 [0.138,0.263]，不包含 0，表明自我效能感在可见性和情感支持之间中介效应显著；自我效能感在可见性和网络贡献之间中介效应值为 0.171，置信区间为 [0.115,0.229]，不包含 0，表明自我效能感在可见性和网络贡献之间中介效应显著；自我效能感在可见性和爱心行动之间中介效应值为 0.206，置信区间为 [0.143,0.271]，不包含 0，表明自我效能感在可见性和爱心行动之间中介效应显著。至此假设 H13-3 得到验证，自我效能感在可见性与用户亲社会参与之间起中介作用。

5.4　实证研究发现与结果讨论

本研究从可供性理论视角展开，主要探究突发公共卫生事件中社交媒体用户亲社会参与行为机制。基于从深度访谈中获取的质性数据的扎根理论研究，本节探索了社交媒体可供性、自我决定感、亲社会参与行为三个主范畴之间的典型逻辑关系结构，由于主范畴之间的关系与 S-O-R 理论、M-O-A 理论部分结构相似，因此本节在融合上述理论与扎根理论研究结果的同时，建构了理论模型，并根据已有文献对模型中各个变量之间可能存在的关系进行了假设推导。通过引用与修订已有成熟量表，以及采用本研究自主开发的亲社会参与量表，并经过对测量工具信度及效度的多轮检验，证实了本研究调查数据的有效性。本章对研究假设进行了——检验（结果如表 5-23 所示），完成了对突发公共卫生事件中社交媒体用户亲社会参与行为机制模型的实证。

表 5-23　假设检验结果汇总

假设	结果
H1：在突发公共卫生事件中，社交媒体可供性影响用户群体认同	完全成立
H2：在突发公共卫生事件中，社交媒体可供性影响用户亲社会自我认同	完全成立
H3：在突发公共卫生事件中，社交媒体可供性影响用户网络共情体验	完全成立
H4：在突发公共卫生事件中，社交媒体可供性影响用户自我效能感	完全成立
H5：在突发公共卫生事件中，用户群体认同对亲社会参与具有直接正向作用	完全成立
H6：在突发公共卫生事件中，用户亲社会自我认同对亲社会参与具有直接正向作用	完全成立
H7：在突发公共卫生事件中，用户网络共情体验对亲社会参与具有直接正向作用	完全成立
H8：在突发公共卫生事件中，用户自我效能感对亲社会参与具有直接正向作用	完全成立
H9：在突发公共卫生事件中，社交媒体可供性正向影响用户亲社会参与	完全成立
H10：在突发公共卫生事件中，群体认同在社交媒体可供性与亲社会参与之间起中介作用	部分成立
H10-2c：群体认同在可联系性与爱心行动的关系中起中介作用	不显著
H11：在突发公共卫生事件中，亲社会自我认同在社交媒体可供性与亲社会参与之间起中介作用	完全成立
H12：在突发公共卫生事件中，网络共情体验在社交媒体可供性与亲社会参与之间起中介作用	完全成立
H13：在突发公共卫生事件中，自我效能感在社交媒体可供性与亲社会参与之间起中介作用	完全成立

5.4.1　激活与强化：从可供性到自我决定感

　　根据本章的研究模型，社交媒体可供性包含丰富性、可联系性、可见性三个维度。研究结果显示，社交媒体可供性与自我决定感的直接关系假设全部通过显著性检验。这表明社交媒体可供性的丰富性、可联系性、可见性分别对用户群体认同感、亲社会自我认同感、网络共情体验与自我效能感具有正向影响。在突发公共卫生事件中，社交媒体从信息负载的丰富性、社会联系的可能性，以及参与环境的透明度三个方面为用户提供了行为机会和行动可能，而它们对用户个体自我决定感产生了正向作用，激活与强化了用户在突发公共卫生事件中的群体认同感、亲社会自我认同感、网络共情体验及自我效能感。

5.4.1.1　丰富性对自我决定感的影响

丰富性对网络共情体验的直接作用效应最大（$\beta=0.301$，$p<0.001$），其次是自我效能感（$\beta=0.270$，$p<0.001$），再次是群体认同（$\beta=0.235$，$p<0.001$），最后是亲社会自我认同（$\beta=0.2$，$p<0.001$）。

在已有的关于社交媒体的研究中，媒体的丰富性被认为是影响个人心理机制和行为意图的重要属性（Yu Lu，et al.，2014）。丰富性对用户自我效能感具有正向促进作用，即社交媒体丰富性水平越高，用户自我效能感越强。一方面，全面、丰富、有价值的信息通过社交媒体提供给用户，增加了用户对突发公共卫生事件的信息和知识储备，这些知识储备作为一种替代经验强化了用户进行在线分享和参与的效能感。另一方面，社交媒体通过提供多样化的参与渠道，使参与变得更容易，在这种情形下用户的自我效能感得以强化。

网络共情体验是社交媒体用户在网络上对他人情绪的识别、体验与感受，包括认知共情与情感共情。从认知角度而言，网络共情体验的核心要素是用户在突发公共卫生事件中对他人情绪或状态的觉察。从情感角度而言，需要用户对他人产生替代性的情感反应。丰富性对网络共情体验的正向促进可以从两方面来理解。一方面，在突发公共卫生事件中，社交媒体所提供的丰富的信息内容负载使用户在突发公共卫生事件中能够最大限度地察觉与关注他人的处境与情感状态。当与事件相关的信息通过社交媒体传播并被用户感知到后，个人对他人处境与情感状态获知的可能性也得以增加。另一方面，社交媒体通过为用户提供多样化的情感表达与展示方式，强化了用户的在线情感体验，提高了用户对他人情感产生替代性反映的可能性。

社会心理学认为亲社会自我认同有易变性，会受情境的影响，并且相比其他自我概念，它更易被迅速启动和激活。就丰富性而言，社交媒体提供的有价值的信息往往包含各种塑造道德榜样、强化社会规范的内容。而当个人亲社会特质，如友善、乐于助人、慷慨、有社会责任感等在社交媒体中被不断强化时，用户就更易于根据这些亲社会品质来定义自我，从而强化其内在的亲社会自我认同感。这与社会认知理论的主张相符合。

5.4.1.2　可见性对自我决定感的影响

首先，可见性对群体认同的直接作用效应最大（β=0.337，p<0.001），其次是自我效能感（β=0.236，p<0.001），再次是亲社会自我认同（β=0.230，p<0.001），最后是网络共情体验（β=0.178，p<0.001）。社交媒体实现了在线参与对他人可见的可能性，其重要意义在于能够塑造社交媒体上具有"社交透明度"的互动环境，从而使得用户以自定义的方式来呈现自我，并且还能够对他人的在线参与行为进行观察和学习。而正是由于可见性对线上互动的促进和对在线环境"社会透明度"的塑造，才增进了用户的群体认同感。这与有关学者在研究虚拟社区网络亲社会行为所得出的观点一致，具有社会透明度的在线环境能够使用户通过观察其他人的参与行为来了解群体规范，即哪些行为是可以接受的，从而有助于个人识别群体目标和价值。个体进行的与群体一致的行为越多，这些行为被其他群体成员接受和确认得越多，这个群体就变得越明确（Jude ChoonLoong Yew，2011）。

就自我效能感而言，可见性对自我效能感具有正向促进作用，这主要是由于可见性通过使用户清楚地看见他人的在线参与行为，从而提供一种替代经验的示范效应。当前，可见性也使用户个人能够看到自己以前的参与行为，从而可以使用户通过亲身经验的内化来强化个人自我效能感。这与社会认知理论的主张相符合。

可见性所提供的社交媒体"社交透明度"实际上营造的是一种监视与被监视的参与环境。当被展示在他人面前时，个体对树立友好的、富有社会责任感的、乐于助人的积极良好形象更加关注，这将从驱动用户以亲社会品质和特征来定义自我，从而激活和提高用户社会自我认同。同时，在观察他人的自我呈现时，用户还能够通过对他人行为的认知和评价来强化自我对社会规范的认知，比如他人的表现是否积极、友好，是否符合道德规范等，这有助于提升个人对此类亲社会品质的认知能力，从而激活或增强个人亲社会认同感。这一结论与社会认知理论相符合。

5.4.1.3　可联系性对自我决定感的影响

可联系性对自我效能感的直接作用效应最大（β=0.254，$p<0.001$），其次是群体认同（β=0.253，$p<0.001$），再次是亲社会自我认同（β=0.235，$p<0.001$），最后是网络共情体验（β=0.220，$p<0.001$）。

可联系性提供给用户的是在突发公共卫生事件中能够与之想要联系的对象进行直接交流和联系的可能性，这种直接联系的可能性降低了用户参与的不确定性，也降低了参与的时间成本，从而使用户自我效能感得以提升。

在亲社会自我认同方面，可联系性使用户能够在突发公共卫生事件中通过社交媒体在线进行人际交往和建立人际关系，有助于从人际互动的角度促进亲社会自我认同的提升。这在以往研究中已得出过相似的结论，如姚山季等人（2018）发现虚拟社区中的人际互动对自我认同具有正向促进作用。

在群体认同方面，在突发公共卫生事件中社交媒体为用户提供的与其他用户之间建立沟通联系的可能性，包括与家人、朋友、想要关心的人及更多其他用户，这无疑直接从技术层面促进了突发公共卫生事件中的直接人际交往的强度。诸如社交媒体这类虚拟社区中的人际交往和互动则有利于强化用户之间的熟悉感、增进用户在网络上的情感承诺与归属意愿，从而激活与强化其群体认同。已有研究也指出了社交媒体的交互性有助于建立用户与同龄人的认知身份，并促进具有共同利益的个人之间的共享理解（Huemer，L.，et al.，2004）。

可联系性对网络共情体验存在正向促进作用，可联系性水平越高，用户网络共情体验水平越高。这一结论与已有研究中对线下共情的研究结论相符。人与人之间的交流与联系是促进共情的重要条件，有学者通过实证研究指出互动环境对共情的影响，在一项关于青少年共情的研究中，他们发现社交联系的强度与体验和理解他人情感状态的能力相关（Ralf Wölfer, et al., 2012）。这也说明社交媒体网络环境中的共情与线下共情具有相似性，即共情的产生有赖于社会联系。社交媒体为突发公共卫生事件中的个体创造了与他人进行社交联系的可能性，从而使用户网络共情体验得以产生。

5.4.2　个人与群体：亲社会参与的自我决定动因

在本章的研究假设中，自我决定感包含的群体认同、亲社会自我认同、网络共情体验、自我效能感对情感支持、网络贡献和爱心行动三个亲社会参与维度的直接影响均通过假设检验。实证研究结果进一步验证了本章扎根理论阶段的结论，作为个人内在状态的用户自我决定感对亲社会参与具有正向影响，突发公共卫生事件中的亲社会参与是用户在充分认识个人心理需要的基础上所做出的自主性选择，这也表明在突发公共卫生事件中用户参与亲社会行为具有较强的自主性和能动性，个人是积极的参与者。在突发公共卫生事件中，用户亲社会参与行为主要源于群体认同、亲社会自我认同、网络共情体验、自我效能感被激活与强化，进而使得用户在社交媒体环境中实现特定情境下的自我增强、群体归属及共情利他等心理需要，并因此而参与。参与路径涉及个体层面与群体层面，群体归属路径属于群体层面，自我增强与共情利他属于个人层面，其中自我增强指向自我，共情利他指向他人。

5.4.2.1　自我增强取向：自我效能与自我认同对行为的作用

自我效能感对亲社会参与有正向影响，用户自我效能感水平越高，其亲社会参与水平越高。自我效能感对情感支持（$\beta=0.322$，$p<0.001$）、网络贡献（$\beta=0.314$，$p<0.001$）、爱心行动（$\beta=0.344$，$p<0.001$）的直接效应均为最大，这表明突发公共卫生事件中用户亲社会参与行为在很大程度上与用户自我效能感

相关。

　　研究结果也进一步验证了已有研究中关于自我效能感是个体亲社会行为的影响因素之一的重要结论（Bandura A，et al.，1999），并将其拓展到了线上环境的亲社会参与行为之中。同时，也说明社会认知理论在解释突发公共卫生事件中用户亲社会参与行为时同样具有适用性。此外，自我效能感的正向作用也与突发事件网络参与研究中的结论具有一致性。如周翔等人（2014）的研究发现，微博用户的内部效能感越高，参与公共事件相对越积极。自我效能感对亲社会参与三个维度的正向促进作用表明，在突发公共卫生事件中，社交媒体用户的亲社会参与具有能动性的特征，即用户个人出于对亲社会参与的胜任感与效果感知而进行亲社会参与，这也表明突发公共卫生事件中用户亲社会参与具有自我指向性，即个人出于自身胜任感的需求而参与。

　　亲社会自我认同对爱心行动的直接效应最大（β=0.215，p<0.001），对情感支持的直接效应其次（β=0.155，p=0.001）。研究结果表明，亲社会自我认同能够部分影响用户亲社会参与，用户亲社会自我认同水平越高，越有可能在突发公共卫生事件中进行情感支持和爱心行动两类亲社会参与行为。关于亲社会自我认同与亲社会行为的已有研究一般聚焦于线下环境中的亲社会行为，本节的研究结果再一次验证了已有的研究结论，即高道德认同的人往往利他和亲社会行为会增加，道德认同是亲社会行为的重要影响因素（Aquino，K.，et al.，2002）。同时，本节的研究结论也表明，在突发公共卫生事件这一现实情境与社交媒体这一线上环境所交织的情境下，个体内在的亲社会自我认同是促进其亲社会参与行为的重要心理动力。在突发公共卫生事件中，亲社会自我认同较高的社交媒体用户在线进行亲社会参与的可能性越高，这主要是个体为了保持自我同一性的心理需要。

　　自我效能感与亲社会自我认同对用户亲社会参与的促进作用表明，在突发公共卫生事件中，用户个人分别基于胜任感和亲社会品质的自我同一性而进行亲社会参与，二者皆与用户自我增强的心理需求相关，这表明在突发公共卫生事件中，用户亲社会参与是用户基于自我增强的需求而主动参与的积极行为。

5.4.2.2　共情利他取向：网络共情体验对行为的作用

网络共情体验对情感支持的直接效应最大（$\beta=0.183$，$p<0.001$），其次是网络贡献（$\beta=0.169$，$p<0.001$），再次是爱心行动（$\beta=0.115$，$p=0.001$）。这表明网络共情体验对亲社会参与具有正向影响，即网络共情体验感越强的社交媒体用户越有可能在突发公共卫生事件中进行亲社会参与。

共情是被广泛证实的亲社会行为的重要动力。在网络亲社会行为的诸多动因中，研究者也证实了共情的促进作用。有关突发事件，诸如地震灾难等亲社会行为的研究也表明共情对亲社会行为的积极意义。线上亲社会参与行为是互联网介导的行为活动，个人在突发公共卫生事件中通过社交媒体所获得的在线共情体验是否会对其亲社会参与行为产生影响，这一问题在已有的研究中并没有给出确切的结论。本节的研究结果对此进行了回应，即在突发公共卫生事件中，用户在线获得的网络共情体验是促进其亲社会参与的重要原因。相较其对亲社会参与三个维度的效应值，网络共情体验对情感支持的作用最大，这表明在突发公共卫生事件中，用户的网络共情体验更可能引发其为他人提供情感支持，诸如在线表达善意，安慰、同情、关心他人等。无论是线下的还是网络中的亲社会行为，虽然动机众多，但共情引发的亲社会行为的动机往往是利他的，其行为具有明显的他人指向，即个人出于对他人福祉的考量而提供亲社会行为。可见，在突发公共卫生事件中，用户亲社会参与行为同样具有共情利他的特性，即用户出于对突发公共卫生事件中他人利益和心理需求的关注而进行亲社会参与。

5.4.2.3　群体归属取向：群体认同对行为的作用

群体认同对网络贡献的直接效应最大（$\beta=0.247$，$p<0.001$），其次是情感支持（$\beta=0.173$，$p=0.002$），再次是爱心行动（$\beta=0.115$，$p<0.001$）。这表明在突发公共卫生事件中，群体认同对用户亲社会参与行为的三个维度均有正向影响，即用户在社交媒体中获得的群体认同感越强，其进行亲社会参与的可能性就越

大，这与已有的研究结论一致。例如，蒂德韦尔（2005）的研究显示，群体成员的群体认同度高时，他们更有意愿参与志愿服务，他们参与亲社会行为的程度更高。这主要是源于用户认同相应的群体后，群体成员之间的关系随之产生。正如怀特利和赛义杜（Whiteley and Seyd, 2002）所指出的群体成员被看作是嵌入社会规范和信仰网络的行动者，这就为行为提供了内部和外部动力。在群体归属取向下，用户基于对群体规范的遵循和群体归属感来进行亲社会参与，此时用户亲社会参与可能演化为一种群体行为。

5.4.3　多重与差异：可供性对亲社会参与的促进作用

根据本研究中介效应检验结果，所有中介关系假设中仅有一条子假设"可联系性—群体认同—爱心行动"未通过显著性检验，整体而言，突发公共卫生事件中群体认同、亲社会自我认同、网络共情体验、自我效能感在社交媒体可供性与亲社会参与之间的多重中介作用显著。社交媒体可供性，包括丰富性、可见性、可联系性对用户亲社会参与行为具有多重路径上的促进作用，可供性对突发公共卫生事件的影响在于通过激活与强化自我决定感，使得用户基于自我决定的心理机制而进行亲社会参与行为。

由于自我决定感因素涉及群体认同、亲社会自我认同、网络共情体验、自我效能感，因而从可供性到亲社会参与的路径是多重的。同时，由于一方面自我决定感在不同可供性与不同亲社会参与行为之间所起的总间接效应不同，另一方面不同自我决定感所起的特定间接效应也存在差异，使得可供性对亲社会参与行为的促进作用还存在差异性。

为了能够更清晰地展现突发公共卫生事件中社交媒体可供性对亲社会参与多重且差异化的促进作用，本节对主效应及多重中介效应的检验结果进行具体讨论。

5.4.3.1　可供性对不同亲社会参与的影响

根据本节对社交媒体可供性与亲社会参与主效应，即在控制性别、教育水平、社交媒体使用频率的前提下，仅考虑丰富性、可联系性、可见性与用户亲社会参与三维度之间的关系，结果显示其中的九条路径的回归系数分别达到显著，且系数为正。这表明在突发公共卫生事件中，社交媒体为用户亲社会参与行为所提供的丰富性、可联系性、情感支持、网络贡献与爱心行动均具有积极作用。

相比之下，在影响情感支持的可供性因素中，丰富性的效应值最大（$\beta=0.260$，$p<0.001$），其次是可联系性（$\beta=0.211$，$p<0.001$），再次是可见性（$\beta=0.199$，$p<0.001$）。在影响网络贡献的可供性因素中，可联系性的效应值最大（$\beta=0.303$，$p<0.001$），其次是可见性（$\beta=0.230$，$p<0.001$），再次是丰富性（$\beta=0.222$，$p<0.001$）。在影响爱心行动的可供性因素中，可联系性的效应值最大（$\beta=0.366$，$p<0.001$），其次是丰富性（$\beta=0.195$，$p<0.001$），再次是可见性（$\beta=0.141$，$p=0.001$）。

根据这一分析结果，情感支持的发生主要有赖于社交媒体的丰富性，这事实上与情感支持的行为表现相关。根据本书第 2 章的研究结果，突发公共卫生事件中用户正以为他人提供情感支持的方式进行亲社会参与，主要包括向事件中的他人表达感谢、鼓励及提供关心、同情、安慰等心理支持，丰富性则为之提供了便捷和丰富的参与及表达渠道。

网络贡献则主要有赖于社交媒体可联系性，这与网络贡献的行为表现相关。根据第 2 章的研究结果，网络贡献主要指用户在突发公共卫生事件中通过社交媒体在线参与的方式贡献个人所掌握的信息、知识和见解，主要表现为信息告知、注意提醒、知识分享等，这些亲社会参与行为实质为信息分享行为。从具体行为表现来看，大多数是具有明确行为对象的信息分享行为，如将突发公共卫生事件中有用的信息分享给有需要的人，回答他人关于突发公共卫生事件的提问等。此外，爱心行动也主要有赖于社交媒体可联系性，能够直接与行为对象进行联系和互动，为这两类亲社会参与行为提供必需的媒介支持。

5.4.3.2　自我决定感的多重中介机制

中介效应检验结果表明，突发公共卫生事件中社交媒体可供性对用户亲社会参与行为的中介作用既存在完全中介，也存在不完全中介，这主要由于不同社交媒体可供性对不同亲社会参与行为的作用机制之间存在差异性。但在不完全中介关系中，群体认同、亲社会自我认同、网络共情体验及自我效能感四个自我决定感变量共同所起的总间接效应量为 68%~81%，这表明间接效应在可供性与亲社会参与的关系中起着至关重要的作用，即突发公共卫生事件中社交媒体可供性主要通过自我决定感来促进用户亲社会参与行为。

在可供性与亲社会参与的所有中介关系中，只有"可联系性—群体认同—爱心行动"未通过显著性检验，其余中介假设均显著。其中完全中介有四条，分别是可联系性—情感支持，可见性—情感支持，丰富性—爱心行动，可见性—爱心行动。在上述中介关系中，群体认同、亲社会自我认同、网络共情体验、自我效能感共同作用，完全介导了它们之间的关系。丰富性—情感支持（效应量 81%），可联系性—爱心行动（效应量 61%），丰富性—网络贡献（效应量 79%），可见性—网络贡献（效应量 76%），可联系性—网络贡献（效应量 68%）之间的中介关系属于不完全中介，但间接效应量较高。

以上结果表明，可联系性对情感支持的影响完全通过群体认同、亲社会自我认同、网络共情体验与自我效能感来实现；可见性对情感支持的影响也完全通过群体认同、亲社会自我认同、网络共情体验与自我效能感来实现；丰富性对爱心行动的影响完全通过群体认同、亲社会自我认同、网络共情体验与自我效能感来实现；可见性对爱心行动的影响完全通过群体认同、亲社会自我认同、网络共情体验与自我效能感来实现。也就是说，可联系性对情感支持的影响，可见性对情感支持的影响，丰富性对爱心行动的影响，可见性对爱心行动的影响均为间接促进作用，四类自我决定感共同介导了间接作用的产生。

此外，在不完全中介关系中，丰富性主要通过群体认同、亲社会自我认同、网络共情体验、自我效能感间接促进情感支持行为。可联系性主要通过群体认同、亲社会自我认同、网络共情体验、自我效能感对爱心行动产生间接促进作用。而丰富性、可联系性、可见性均主要通过四个多重中介因素对网络贡献这类亲社会参与行为产生促进作用。

以上分析表明，在突发公共卫生事件中，社交媒体可供性主要通过自我决定感对用户亲社会参与行为产生促进作用，并且在大多数情况下，可供性对亲社会参与行为的作用是通过自我决定感来实现的。为了了解具体自我决定感所起特定间接作用的大小，本节对特定间接效应进行了比较分析。

根据间接效应值的大小，自我效能感在所有中介效应中发挥的作用最大。在突发公共卫生事件中，相较其他中介因素，自我效能感最大程度地介导了社交媒体可供性与用户亲社会参与之间的关系。这表明社交媒体为突发公共卫生事件中用户在线行为所提供的信息负载、人际交往的可能，以及社交环境透明度很大程度上影响了用户亲社会参与的自我效能，增强了用户亲社会参与的能动性，提升了用户个体对自身亲社会参与行为能力及其可能产生效果的判定水平，从而促进了亲社会参与行为的发生。

群体认同是丰富性、可联系性、可见性与网络贡献这类亲社会参与行为之间的主要中介因素。我们在前面分析了社交媒体可供性是如何为突发公共卫生事件中用户群体认同的形成与发展提供技术与环境支持的，正是由于这些可供群体认同形成与发展的技术与环境支持，如社交媒体可见性通过塑造"社交透明度"的互动环境，一方面使得用户可以用自定义的方式来自我呈现，另一方面也能够实现对他人积极行为的观察和学习，通过一种自我对群体规范的强化来提升个体群体认同感，从而使得用户为了遵循这些群体规范而在突发公共卫生事件中积极地向他人提供信息支持、分享科普知识、注意提醒等。

社交媒体提供的可联系性则从技术层面促进了突发公共卫生事件中的直接人际交往，使得用户在突发公共卫生事件中的群体认同感得以提升，进而使得用户出于对群体规范的维护，以及自身的群体归属感而成为积极的参与者。

此外，亲社会自我认同主要中介了丰富性、可见性与爱心行动之间的关系。正如本节在讨论可供性对自我决定感的影响时所分析的，社交媒体提供的有价值的信息以强化社会规范的方式，使用户个人基于自我同一性而参与爱心行动，在利他的同时满足自我增强的需要。可见性则同样通过"社交透明度"的社交互动环境从正面驱动用户，不断强化自我对亲社会品质和道德规范的认知，进而使其基于自我增强的需要而提供爱心互助。

5.4.4　一个得以验证的社会技术整合模型

目前有关社交媒体可供性与用户行为的研究成果虽然非常少，但其中不乏得出可供性与用户行为之间关系的结论。例如，有学者从可供性角度研究了社交媒体对用户参与的影响，发现丰富性和互动性对共享理解等有积极影响，进而促进在移动社交平台上的参与行为（Shao，Z. & Pan，Z.，2019）。本节的研究结论再次印证了可供性与用户参与之间关系的存在，但更有意义的是，我们发现了突发公共卫生事件中社交媒体可供性对用户亲社会参与的促进主要通过复杂的自我决定感心理机制产生。

本节根据假设检验结果对社交媒体可供性、自我决定感、亲社会参与之间的关系进行了深入的分析与讨论。社交媒体可供性能够在特定的社会情境中激活与强化用户自我决定感，而自我决定感又通过群体与个体两个层面的四条路径直接影响用户在突发卫生事件中的亲社会参与行为。社交媒体可供性通过自我决定感的多重路径促进亲社会参与行为的产生与发展。

本研究从实证研究层面验证了社交媒体可供性—自我决定感—亲社会参与之间的关系结构。这表明包含社交媒体可供性与社会心理机制的整合模型框架能够很好地解释突发公共卫生事件中社交媒体用户亲社会参与的内在逻辑。其中，社交媒体可供性与技术相关，也与个体在特定情境下所要进行的特定行为相关，它能够更好地理解在突发公共卫生事件中社交媒体为何、如何能触发用户亲社会参与行为。根据以上实证检验结果及本节对检验结果的讨论分析，最终得到了一个经过实证研究检验的社会技术模型：突发公共卫生事件中用户亲社会参与行为机制模型（见图 5-2）。

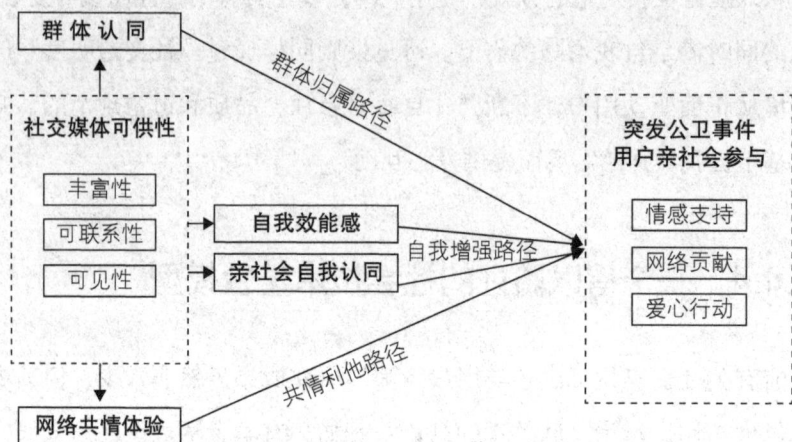

图 5-2　突发公共卫生事件中用户亲社会参与行为机制模型[①]

在突发公共卫生事件中，社交媒体从信息负载的丰富性、社会联系的可能性，以及参与环境的透明性方面为用户亲社会参与提供可能，从而成为用户亲社会参与行为发生的重要前因。在突发公共卫生事件中，社交媒体对用户亲社会参与的影响实际上是一个"前因（可供性）—机体（自我决定感）—结果（亲社会参与）"的系统化过程。在突发公共卫生事件中，参与渠道的丰富性、人际联系的可能性，以及参与环境的透明度，为用户自我决定感的形成提供了机会和可能，激活与强化了用户在突发公共卫生事件中的群体认同感、亲社会自我认同感、网络共情体验及自我效能感，进而使得用户基于群体归属、自我增强的心理需要及共情利他的动机而自主地在突发公共卫生事件中提供情感支持，做出网络贡献，参与爱心行动。

---

① 说明："可联系性——群体认同——爱心行动"中介路径不成立。

第 6 章

研究结论与实践启示

第 6 章通过调查样本数据分析对突发公共卫生事件中社交媒体用户亲社会参与行为机制的理论模型和关系假设进行了实证检验，完成了实证研究，并对验证结果进行了深入分析，讨论了实证分析的结论，得到了最终的行为机制理论模型。本章主要对前五章的内容进行归纳和总结，以凝练本研究的主要结论及实践启示，对研究存在的局限性予以说明，并指出未来研究的方向。

6.1　研究结论

当前，尽管研究社交媒体中的网络谣言、网络暴力等负面参与行为很重要，但研究积极的网络参与行为也极具社会意义。特别是在突发公共卫生事件中，促进社交媒体上的亲社会参与行为不仅能够有力对抗和平衡网络谣言、网络消极情绪等带来的负面效应，有助于清朗网络空间的营造，还能够强化社会关系，减少个人负面情绪。同时，亲社会参与还可以实现社会互助并形成一种黏合效应，通过线上的"爱心传递""善意蔓延"使整个社会在危机情境中紧密联系在一起，进而促进突发公共卫生事件发生之后的应急管理与社会重建。对亲社会参与行为的研究能够使我们认识到，在突发公共卫生事件中如何积极、有效地利用社交媒体进行在线活动，进而通过社交媒体亲社会参与促成一种"亲社会黏合"。

本书的核心目标也正是为提升突发公共卫生事件中社交媒体用户亲社会参与度提供理论参考与决策依据。基于此目标，本书在可供性理论视角下，结合自我决定理论、S-O-R 理论等，将定量与定性相结合，综合网络文本采集、内容分析、扎根理论、半结构化访谈、问卷调查及数理统计等方法来研究突发公共卫生事件中社交媒体用户的亲社会参与行为。首先，对亲社会行为理论、互联网环境中的亲社会行为、突发公共卫生事件中的亲社会行为、突发公共卫生事件中线上亲社会参与行为、可供性理论等领域的相关文献进行了较为全面的回顾。其次，通过行为表现的概念研究思路，提出、界定并测量了突发公共卫生事件中的亲社会参与这一新概念。在此基础上，通过扎根理论探索、识别了可供性理论视角下突发公共卫生事件中用户亲社会参与影响因素及作用机理，并初步构建了行为机理的理论框架。再次，通过问卷调查、回归分析对影响机理模型及假设关系进行了实证检验，最终得到了一个经过实证数据验证的突发公共卫生事件中用户亲社会参与行为机制模型。最后，在实证研究的基础上对行为机理进行了深入的讨论分析，得到了相应的研究结论。本书的主要研究结论体现在以下五个方面。

第一，亲社会参与是一个具有三个核心维度的构念，具体包括"情感支持""网络贡献""爱心行动"，可以通过 16 个测量题项来实现有效测量。

本书立足于现有理论成果与研究现状，通过抓取典型突发公共卫生事件中、典型社交媒体平台上用户在线参与发布的微博文本，采取内容分析法以自下而上的方式构建分析类目，并对抓取到的微博数据进行内容分析，以明确社交媒体用户在突发公共卫生事件中亲社会参与的具体行为表现。研究发现，在突发公共卫生事件中，社交媒体用户亲社会参与行为涉及 20 个主要的具体行为类型。本书按照概念归纳的编码思路，根据亲社会参与内涵和特征对其进行了进一步提炼，最后得到情感支持、网络贡献、爱心行动三个亲社会参与行为类别，初步将其作为突发公共卫生事件中用户亲社会参与的三个维度。

统计结果显示，在本书的研究样本中，涉及用户亲社会参与行为的微博共计 4 516 条，占样本总量的 48%。这表明，在突发公共卫生事件中，用户亲社会参与的确是社交媒体用户在线参与的重要内容，用户正以亲社会行为的方式通过社交媒体参与到突发公共卫生事件中去，这可能会促成一场积极行为的接力赛，以促进危机情境下他人或社会福祉的提升，成为一种亲社会的"黏合剂"。同时，也可能对社交媒体用户个体本身产生积极的心理调适。此外，也正如本书在开篇所描绘的，社交媒体已成为亲社会行为的主要空间，它所带来的这种积极行为效应可能在促进突发公共卫生事件良性发展中起到举足轻重的作用。这一结果也说明了本书所研究的问题具有很强的现实针对性，关注突发公共卫生事件中的社交媒体用户亲社会参与行为是极具现实意义的。

为了对内容分析中凝练的亲社会参与维度进行检验，本书引入量表开发的一般过程，以量化研究的思路来进一步验证突发公共卫生事件中用户亲社会参与的内涵维度，并开发出了一个具有良好信度与效度的测量工具。通过初步题项的构建和两轮题项讨论，在保证测量题项内容效度与表面效度的基础上，本书通过自我评价的方式对突发公共卫生事件中用户亲社会参与进行问卷调查，以收集测量数据。验证性因子分析结果表明，在突发公共卫生事件中，亲社会参与是一个包含三维度的构念，分别为情感支持、网络贡献和爱心行动。

通过内容分析与因子分析，第 2 章得出结论，在突发公共卫生事件中，社交媒体用户的亲社会参与是一个具有 3 个核心维度和 16 个测量题项的构念，包括情感支持、网络贡献与爱心行动。这 3 个维度反映了亲社会参与的核心内涵，分别可以由 5 个、6 个、5 个测量题项来实现其有效测量。基于两轮问卷调查数据的探索性因子分析和验证性因子分析，结果表明，测量工具具有较好的信度、效度，可用于本书对突发公共卫生事件这一特定情境中社交媒体用户亲社会参与行为机制的研究。

第二，作为突发公共卫生事件中用户亲社会参与的典型平台，社交媒体为用户亲社会参与提供了多种可能，其可供性包括丰富性、可见性与可联系性，它们对亲社会参与具有促进作用。

可供性考虑的是在特定环境中个人采取行动与技术能力之间的共生关系，它关联了社交媒体技术与使用者的具体行为目标。虽然关于社交媒体可供性的研究已经逐渐展开，但相关研究成果并不能解释特定环境中的可供性问题。本书通过深度访谈来了解社交媒体在突发公共卫生事件中给用户带来的体验，以及为他们的在线参与行为提供的多种可能性，然后通过扎根理论以程序化编码的方式提炼出了与之相关的概念与范畴，最终探索出社交媒体对突发公共卫生事件中用户亲社会参与行为的可供性，包括社交媒体丰富性、可见性与可联系性。

丰富性是指社交媒体在突发公共卫生事件中的信息负载，包括有价值的信息内容与参与方式负载，强调的是用户对社交媒体从内容与表达方式上促进共享意义能力的感知，如信息内容的丰富性、信息质量的有用性、参与方式的多样性。可见性在本书中指的是在突发公共卫生事件中社交媒体提供的在线参与行为对他人可见的可能性，以及用户对这种可能性的感知。可见性在过去受到了社交媒体研究者较多的关注，本研究发现可见性也是用户反映的突发公共卫生事件中社交媒体可供性的一个重要方面。可联系性是指在突发公共卫生事件中社交媒体为用户在线行为提供的与其他用户之间建立沟通联系的可能性，即用户对这种可能性的感知。根据扎根理论研究结果，可联系性强调的是在突发公共卫生事件这一具体环境中，社交媒体用户与其他用户之间沟通关系的建立，即是否能够与其想要联系的用户进行在线联系。

社交媒体的应用延伸了亲社会行为的存在空间与行动方式，在突发公共卫生事件中，用户通过社交媒体来实现亲社会参与是一种典型的在线参与行为。而这种极具社会意义的亲社会参与行为的发生与发展所依循的不再是简单的技术决定模式，而是超越了社会建构的行为逻辑。相关研究证实了突发公共卫生事件中用户亲社会参与行为与社交媒体能够为用户参与提供的诸多可能性相关。在突发公共卫生事件中，用户在社交平台上进行亲社会参与的重要前提是社交媒体的可供性，即社交媒体能够为用户参与提供的可能性及用户对这些可能性的感知。具体而言，可见性、丰富性、可联系性为更广泛的亲社会参与提供了可能，并对其具有显著的促进作用。

第三，在可供性理论视角下，突发公共卫生事件中社交媒体用户亲社会参与的内在行为机制可以用一个社会技术模型解释，其行为过程是一个包含"社交媒体可供性 – 自我决定感 – 亲社会参与"的系统化过程。

本书通过程序化编码获得了群体认同、自我认同、网络共情体验与自我效能感四个维度的自我决定感，是社交媒体可供性与亲社会参与之间的重要中介的核心结论，实证研究进一步证实了这一结论的可靠性。

通过实证研究验证了本书在可供性理论视角下构建的突发公共卫生事件中

用户亲社会参与行为机制模型是一个整合了媒体可供性与社会心理的理论模型，其内在机理是社交媒体可供性影响用户自我决定感，进而使得用户出于不同的心理动机而进行亲社会参与。社交媒体可供性—自我决定感—亲社会参与之间的关系结构已得到实证研究的检验。在突发公共卫生事件中，社交媒体可供性对作为用户内在认知心理状态的自我决定感具有直接作用，并且通过自我决定感对用户亲社会参与这一行为结果产生影响。

因此，在突发公共卫生事件中，社交媒体对用户亲社会参与的影响实际上是一个前因（社交媒体可供性）—机体（自我决定感）—结果（亲社会参与）的系统化过程。可供性与媒介技术和人的行为相关，而自我决定感对亲社会参与的影响则属于社会心理机制，因此该系统化过程实际上是一个社会技术的整合机制。

在突发公共卫生事件中，社交媒体可供性对亲社会参与的影响因素主要包括群体认同、自我认同、网络共情体验与自我效能感，其影响路径遵循着自我决定的行为模式，即亲社会参与的发生是用户自我决定和对个体心理需求进行自我认知的结果，而可供性则是其自我决定感产生或发展的条件。

总体而言，社交媒体可供性本身所标识的是社交媒体技术与个人在线参与之间的相互关系，作为一个包含了技术、行为、关系等复杂因素的前因，它对亲社会参与这一行为"结果"的作用机制主要是通过群体认同、自我认同、网络共情体验与自我效能感等"机体"内在因素来实现的，这些内在因素构成了突发公共卫生事件中用户亲社会参与的自我决定感，它直接影响其参与行为结果。而自我决定感的产生、发展或强化有赖于社交媒体可供性。在突发公共卫生事件中，社交媒体对亲社会参与影响机制是一个从"可供性"到"机体"，再从"机体"到"结果"的系统化过程。

第四，突发公共卫生事件中用户亲社会参与的系统化过程涉及个人与群体两个层面的三种路径，即自我增强路径、群体归属路径和共情利他路径。

在社交媒体可供性、自我决定感所框定的突发公共卫生事件用户亲社会参与行为的系统化过程中，不同自我决定感在社交媒体可供性与亲社会参与的关系中所起的中介作用有所差别。根据自我决定感的不同，笔者认为突发公共卫生事件中社交媒体用户亲社会参与包括三种路径，即群体归属路径、自我增强路径和共情利他路径，其中群体归属路径是从群体角度解释亲社会参与机理的，而自我增强路径、共情利他路径是从用户个体角度解释亲社会参与机理的。

（1）自我增强路径。自我增强路径是突发公共卫生事件中用户亲社会参与最主要的行为路径。相关研究发现，自我效能感在所有中介效应中发挥的作用最大，相较其他中介因素，自我效能感最大程度地介导了社交媒体可供性与用户亲社会参与之间的关系。社交媒体所提供的参与机会在很大程度上影响了用户亲社会参与的自我效能，增强了用户亲社会参与的能动性，从而使用户在突发公共卫生事件中基于胜任感与自我增强的需要而进行亲社会参与。

从社交媒体可供性到亲社会自我认同再到亲社会参与的路径，具有自我增强的特征。亲社会自我认同主要中介了丰富性、可见性与爱心行动之间的关系。社交媒体提供的有价值的信息以强化社会规范的方式，使得个人在使用社交媒体的过程中，亲社会道德品质被不断强化，用户更易于根据这些亲社会道德品质来对自我进行描述，从而基于自我同一性而参与爱心行动，在利他的同时满足自我增强的需要。可见性则通过"社交透明度"从正面驱动用户基于自我同一性的考量而提供爱心互助。

（2）群体归属路径。社交媒体可供性为用户在突发公共卫生事件中群体认同的发展提供了可能，从而使得用户在突发公共卫生事件中的群体认同感得以提升，进而使得用户出于对群体规范的维护，以及自身的群体归属感而成为积极的参与者。相较之下，丰富性、可联系性、可见性对网络贡献这类亲社会参与行为的影响则主要通过这一路径来实现。诸如社交媒体提供的丰富性通过塑造榜样、强化社会规范、进行积极的社会动员、塑造集体记忆来影响社交媒体用户自我社会归类、社会比较和积极区分，以增强用户群体认同水平，进而强化群体归属感的动机，使用户进行亲社会参与。可见性通过塑造"社交透明度"的互动环境使得用户在以自我定义的方式来自我呈现的同时，能够实现对他人积极行为的观察和学习，进而使得用户为了遵循某些群体规范而在突发公共卫生事件中积极地向他人提供帮助。

（3）共情利他路径。丰富性、可联系性、可见性对情感支持这类突发公共卫生事件中最常见的用户亲社会参与行为的影响也主要通过这一路径来实现。在共情利他路径中，社交媒体可供性首先影响用户网络共情体验，进而使得用户出于"共情－利他"的心理动机进行亲社会参与，特别是在突发公共卫生事件中为他人提供情感支持，诸如关心、同情、安慰等。这一路径下的亲社会参与行为具有明显的利他特性。

第五，从社会技术模型理解突发公共卫生事件中用户亲社会参与，它可被看作是用户在社交媒体特定环境中自主进行的在线展演、社会连结或共同体实践。

本书的社会技术模型回答了突发公共卫生事件中社交媒体用户为什么会进行亲社会参与的问题，从而也让我们进一步理解了用户亲社会参与的实质。它既是可见性激励下用户的在线展演，也是可联系作用下用户进行的更广泛的社会连结，还是丰富性促进下用户共同体实践的一种重要形式。

（1）可见性激励下的用户展演。在线社区的社会透明度为公众监督个体行为提供了可能，并在两个层面上对行为发挥作用，一是作为观众监督其他人的行为，二是作为这些行为的执行者。可见性提供了一种如埃里克森和凯洛格（2000）提出的"社会透明度"的互动情境。首先，在"社会透明度"的互动环境中，个体参与行为与行动网络是公开的，这就使得用户在突发公共卫生事件亲社会参与的过程中，可以观察他人的亲社会参与活动。通过观察他人的参与行为有助于群体规范、亲社会道德规范的内化，也有助于用户参与效能感的提升，进而使用户为了满足其群体归属、亲社会身份认同、胜任感的心理需求而进行亲社会参与。

其次，用户能够对自我行为进行观察和监督，并通过社交媒体进行自我表现。在自我观察与监督的过程中，一方面，用户会产生群体归属、亲社会自我身份归属的心理需求，这种心理需求使得用户希望能够通过社交媒体完成其群体身份和个人身份的展现与表达；另一个方面，用户个人共情体验与参与效能感也在观察和监督的过程中得到提升，由此而产生了自我情感表达与能力表达的需求。无论是身份表达、情感表达还是能力表达，这类心理需求都会使用户对自己的行为进行不断的观察、监督及调试，从而使自我行为符合他所观察和学习到的群体规范、道德规范，并与其感知到的自我能力、对他人情感状态的理解等相协调，最终使其自主地通过社交媒体将符合心理预期的行为展现出来。

因此，在行为可见性－自我决定感－亲社会参与的行动框架下，突发公共卫生事件中社交媒体用户的亲社会参与行为既是对他人亲社会参与进行观察和监督的结果，也是用户对自我行为进行观察和监督的结果。可见性使用户可以通过使用社交媒体来影响它们如何看待自身及其相关同伴（Buffardi, et al., 2008）。在可见性影响下，用户在突发公共事件中的亲社会参与行为就具有了展演性。

戈夫曼用"展演"一词来指代个体持续面对一组特定观察者时所表现的行为及对这些观察者产生了某种影响的行为。在可见性塑造的"社会透明度"环境中，用户在观察与自我观察后，如何展示自己的群体身份与亲社会自我身份以符合群体规范与道德规范，如何表达其情感、展现其能力以符合自身印象管理的需要和心理预期就成为用户参与行为的重要依据。此时的亲社会参与在很大程度上可以被理解为用户在监督与自我监督之后的一种自我身份表达、自我能力表达及自我情感表达，是用户在突发公共卫生事件中为了满足其群体认同、亲社会自我认同等内在需求和心理预期而进行的自我呈现行为，是一种在线展演。

（2）可联系性作用下的社会连结。突发公共卫生事件所带来的不确定性使得人际联结成为人们寻求稳定和支持的主要方式，而社交媒体可联系性能够为用户带来更多、更直接的社会交往，维持并发展其人际联结水平。频繁的社会交往能够加强个体与社区的连接，提供更多了解他人需求的机会。在突发公共卫生事件中，社交媒体一方面使得社会交往可以跨越时空界限的形态展开，另一方面也使用户与亲社会行为对象之间有了建立直接联系的可能。社交媒体正是通过为用户提供社会联系的可能，在直接为亲社会参与提供机会的同时，还通过强化用户社会交往来提升其内在的自我决定感水平，进而促进亲社会参与行为的发生。

首先，网络中的人际交往有助于用户情感归属及身份认知的产生，从而促进群体认同的形成与发展。诸如在突发公共卫生事件中，用户通过社交媒体维系与发展社会关系，从而获得心理上的归属感。其次，用户通过在社交媒体人际互动中实现社会交往，有利于维持和提升个人自尊以实现自我确认，这有利于亲社会自我认同的形成。再次，可联系性实现了共情对象的可及性，使共情对象能够被用户所观察到，从而为用户对其情绪或状态的理解、情感替代提供了可能。此外，可联系性提供给用户的是在突发公共卫生事件中能够与之想要联系的对象进行直接交流和联系的可能性，这种直接联系的可能性降低了用户参与的不确定性，也降低了参与的时间成本，从而使参与自我效能感得以提升。

社交媒体通过可联系性在突发公共卫生事件中为用户带来了更多的人际联结机会，积极的人际联结激活并促进了作为亲社会参与内在动力的自我决定感。相反，用户通过不同形式的亲社会参与，诸如将有用的信息分享给他人，线上捐款，参与转发救助信息，通过社交媒体安慰他人，帮助有需要的人等，能够与更多在线用户实现社会联系，进而促进更广泛的人际联结。

因此，在行为可联系的影响路径下，亲社会参与可被理解为一种用户在突发公共卫生事件的危机情境中进行的具有积极意义的社会连结行动。由于在突发公共卫生实践中，线下联系和群体从属关系的减少使社会资本变得更加有限，通过社交媒体亲社会参与，用户不仅可以与家人和朋友保持联系，还能够凭借这种更广泛的人际联结，最终以一种在线参与的方式将整个社会联结在一起。

（3）丰富性促进下的网民共同体实践。在突发公共卫生事件中，社交媒体丰富性促进了与事件相关的主题网络社区的形成。社交媒体本身允许个人用户基于共同的兴趣、意识形态或观点与志同道合的其他人建立联系，从而形成网络社区。网络社区的形成可以是多种因素驱动的，包括兴趣、个人属性、社会关系，以及共享主题等，而主题驱动的社区在危机时期尤其重要。

一方面社交媒体在突发公共卫生事件中的信息内容负载主要表现在成为齐

聚健康科普知识、媒体新闻报道、用户生产内容（UGC）等丰富信息内容的集散地，进而促进话题的形成，推动用户参与。另一方面，社交媒体又通过页面所包含的点赞、转发、插入捐款链接、在线捐款支付等灵活多样的参与方式负载为用户参与提供了渠道上的便利。这两方面都促进了在相关话题中，用户与用户之间、用户与社交平台之间高频、直接的在线互动，从而推动了与突发公共卫生事件高度关联的主题网络社区的形成。

因此，在丰富性所带来的"主题社区"参与场景中，社交媒体所提供的信息内容不仅是单一信息的聚合，而且还通过信息内容形成了多个与事件相关的话题，并通过多种话题关联了用户与事件、用户与用户、用户与社交媒体。用户通过他们在社交媒体上的反复互动揭示了主题社区的形成，这些社区正是由社交媒体所提供的信息负载所驱动的。

在参与丰富性所促成的主题社区中，线上信息内容又通过建构社会规范来影响社区成员共识的形成。主题社区也能够促进用户共情体验。丰富的主题信息带来了共情对象的可及性，频繁的互动则为用户对他人情绪或状态的理解、情感替代提供了可能。而参与方式的多样性能够直接影响用户对自身亲社会参与能力的判定，因为参与方式多样性使亲社会参与渠道更为多样化，参与变得更为轻松、便捷。

如果说基于社交媒体的主题社区侧重于对一个基于话题的高度互动的交往空间的描述，那么要描述在这个空间中的成员、成员关系及其所采取的行为，社区成员基于互动而建构"共同体"是一个更好的概念。虽然社区和共同体在滕尼斯看来都是"Gemeinschaft"，英文为"Community"，本书更倾向于将社区理解为交往空间，将共同体理解为具有一定稳定关系、互动频繁并对个体产生持续影响的社会集合（彭兰，2020）。

从更广泛的意义上讲，突发公共卫生事件中社交媒体丰富性所带来的主题社区使得在事件中具有共同经历、共同体验的人能够相互关联，从而形成共享的意义建构（sensemaking），这是个人和（或）群体为其世界中的体验赋予意义的方式（Weick，1993）。在突发公共卫生事件所带来的具有不确定性的危机情境下，话题社区中的用户成员会通过交往来创造关于"现在正在发生什么"和"如何才能重建秩序"的理解，并期望在互动参与中获得一种共识。

因此，参与丰富性对用户的意义在于，他们会根据话题参与和互动体验进行与突发公共卫生事件相关的"意义建构"，并通过这种"意义建构"来协调自我反应，而亲社会参与便是用户自我反应的重要内容。从这一角度理解亲社会参与，它不仅能够帮助社交媒体用户在突发公共卫生实践中形成"共同体"意识，同时作为社区成员，在线用户为了相对一致的目标而采取的亲社会参与行为也是在线共同体的一种具体实践形式，其相对一致性目标就在于期望突发公共卫生事件所带来的破坏性能够得以控制。

6.2　启示建议

本研究从传播学与社会心理学相结合的视角出发，运用质化与量化相结合的研究方法重点探讨了突发公共卫生事件中社交媒体用户亲社会参与行为机制，揭示了社交媒体是如何通过为突发公共卫生事件中的用户线上行为提供机会来促进用户自我决定感，进而对亲社会参与行为产生影响的。通过以上对研究结论的归纳和总结，我们可以看出本研究丰富了社交媒体可供性、网络亲社会行为、突发公共卫生事件传播研究等相关领域的理论成果。同时，本研究对突发公共卫生事件中的传播实践还具有现实意义。本书最后思考了一个现实问题，即"如何促进突发公共卫生事件中社交媒体用户亲社会参与度"。下面将结合对这一问题的思考，对本研究的实践启示进行阐述。

第一，将社交媒体纳入应急管理体系，通过应用社交媒体为用户提供更多的行动可能性，从而促进突发公共卫生事件用户亲社会参与。

社交媒体在社会公共危机管理中的效能已受到重视，包括其对危机信息传播、舆论监督，应急响应，社会凝聚，促进慈善捐赠、风险识别、情感支持、资源分配、风险沟通等多方面。本书的研究结论表明，突发公共卫生事件中社交媒体为用户参与提供了丰富性、可联系性与可见性，它们能够影响用户群体认同、亲社会自我认同、网络共情体验及自我效能感，并通过这些因素对用户亲社会参与产生促进作用。因此，在突发公共卫生事件中，我们应将社交媒体纳入应急管理体系之内，充分发挥社交媒体在社会动员与危机传播中的技术特长与用户优势，政府、互联网平台、新闻媒体等利益相关者通过为用户提供更多的行动可能性来促进亲社会参与水平，使社交媒体用户的亲社会参与成为公共危机状态下的"社会黏合剂"，将整个社会最大限度地以一种积极的方式联系在一起。

可供性本身是一个包含"技术－人"的关系的概念，要提升突发公共卫生事件这一特定情境中的社交媒体可供性也需要从"技术－人"的关系角度进行思考，这就需要一方面优化设计与有价值的内容供给，从客观上来提升社交媒体的技术可供性水平，另一方面还需要优化用户使用体验，提升用户对社交媒体技术能为其行为提供可能性的主观感知。前者是社交媒体技术设计开发和服务提供的实质，而后者是用户依据自我体验和感知对技术和服务做出的解释，两者之间相互影响。

具体而言，社交媒体设计者、平台服务提供方（互联网企业）应进一步优化社交平台功能设计，包括优化信息搜索、用户互动等，以提升用户使用便捷性的功能。同时，信息内容提供方（政府宣传部门、新闻媒体机构等）应提高信息发布效能，一方面使信息通过社交媒体多渠道、多平台发布，另一方面提升突发公共卫生事件信息发布的即时性。要确保用户能够感知相关服务的丰富性、便捷性，进而让用户感知到通过社交媒体进行亲社会参与不需要花费太长的时间和精力，能够便捷地参与到突发公共卫生事件中去，这更加有助于提升用户亲社会参与的机动性和自我效能感。

政府宣传部门、新闻媒体机构等信息提供方通过社交媒体来强化危机沟通，一是应着力提升有价值的内容供给，包括在突发公共卫生事件中为用户提供丰富、全面、准确、可信的信息资源。二是丰富参与方式的多样性，为用户表达与行动提供形式多样的参与渠道。要确保用户能够在突发公共卫生事件中通过社交媒体获得这些有价值的信息资源和体验到参与方式的灵活多样性，这将有助于提升用户亲社会参与的自我决定感，从而促进亲社会参与行为。

社交媒体设计者、平台服务提供方应重视和优化人际互动功能设计，实现更多的交互模块，并改善社交媒体平台中的有效沟通环境，丰富用户社交联系的方式和手段并提升用户体验。此外，还应努力提高社交媒体在线参与的可见度，为用户的亲社会参与行为在线呈现提供可能，从而通过功能设计与行动引导来促进社交媒体中的亲社会参与文化建设。

第二，识别社交媒体用户心理需求，提升用户在突发公共卫生事件中的自我决定感，强化亲社会参与的心理机制。

本书的研究结论表明，突发公共卫生事件中社交媒体用户亲社会参与行为机制是从社交媒体可供性到自我决定感，再到亲社会参与行为的系统化过程，其中的核心在于自我决定感对亲社会参与的心理机制。具体而言，群体层面的群体认同、个体层面的亲社会自我认同、网络共情体验及自我效能感构成了用户自我决定感，从而成为用户亲社会参与的直接动因。因此，要提升社交媒体用户在突发公共卫生事件中的亲社会参与度，就需要通过识别社交媒体用户在突发公共卫生事件中的心理需求，进而提升用户自我决定感来强化亲社会参与的心理机制。

从群体层面而言，已有研究表明，通过调节人际关系、情感和价值观等认知结构能够提升群体认同程度，其中情感对群体认同的影响是最强的。社交媒体的可联系性拓展了不同用户群体之间情感形成的空间，其社交属性促成了社交媒体平台上各类群体的形成。因此，社交媒体平台服务提供方应积极完善平台的互动管理功能，提升信息互动的操作便利性，丰富用户之间进行信息沟通的形式，进一步打破用户信息沟通屏障，逐步建立具有相同价值观、情感纽带的用户群体，针对危机事件增加相关信息的可见性，以帮助用户进行持续性互动，从而从群体认同路径引导用户进行亲社会参与实践。

就个体层面而言，亲社会自我认同、网络共情体验及自我效能感是影响亲社会行为的因素。已有研究表明，社会支持的强度、基于社交媒体的自我呈现对亲社会自我认同程度的提升具有积极作用。网络共情体验基于认知加工角度，以情境的方式提升则是目前的主要方式，另外互联网使用对于亲社会自我认同和网络共情体验也具有显著提升作用。借助社交媒体的丰富性，用户能够更容易地通过社交媒体平台社群互助、现场用户互动等方式提升其在突发公共卫生事件中的参与度，获得更多的社会支持，强化其亲社会自我认同，以促进亲社会参与。同时，借助社交媒体的可见性，视频传播已成为危机事件中的重要组成部分，未来还可积极开发虚拟现实技术的新闻报道方式加强用户网络共情体验；政务新媒体、主流新媒体应充分发挥自身的资源优势和专业性优势，搭建与用户之间的沟通桥梁，通过沟通互动实现共情传播，以提升用户网络共情体验，从而从共情—利他路径来触发亲社会参与。此外，在突发公共卫生事件中，由于社交媒体平台上的信息纷繁复杂，真假难辨，由此带来的群体极化现象时常发生，因而社交平台应积极开发信息过滤系统，通过信息过滤机制以提升社交媒体中有价值信息的负载水平，从而正向影响用户网络共情体验，以促进亲社会参与。

6.3　研究局限性

尽管本研究基于社交媒体可供性理论视角，结合自我决定理论的相关主张，采取定性与定量相结合的方法，比较系统地研究了突发公共卫生事件中社交媒体用户亲社会参与行为机制，提出了一个比较系统的研究模型。同时在概念研究阶段还首次探究了突发公共卫生事件这一特定情境下，社交媒体用户亲社会参与的具体维度，开发出了具有一定信度与效度的测量工具，在一定程度上为该研究领域注入了新的研究成果，并丰富了可供性理论在传播学领域的研究成果。但是，研究的局限性依然存在，只有厘清局限性才能为未来研究提供更多的启发。

一是由于数据采集权限等问题，在预研究中本书对突发公共卫生事件用户亲社会参与概念维度进行研究时，主要选择的是具体典型事件中微博平台的用户参与数据，但事实上微信及其他视频社交应用在突发公共卫生事件中也是重要的用户参与渠道，其中也存在着大量能够反映用户行为的数据。

二是本书从可供性视角研究了突发公共卫生事件情境下社交媒体用户亲社会参与行为机制，在进行调查研究时，是将社交媒体作为一种整体的研究对象来看待的，用户主要根据自己的社交媒体使用状况进行回应，并没有区分不同社交媒体类型之间的差异。特别是由于社交媒体使用目的不同，对用户而言它们在突发公共卫生事件中的可供性也可能有所区别，因此本书针对具体社交媒体类型的适用性的结论有待考证。

三是本书在实证研究中的变量测量与样本数据存在局限性。一方面，在问卷设计时，除本书自主开发的适用于突发公共卫生事件情境的用户亲社会参与量表外，其余测量工具主要沿用现有量表，并通过扎根理论研究情况进行了修订。尽管信度效度符合研究要求，但不排除可能存在更好的测量方法。另一方面，研究数据主要通过自评问卷获取，而亲社会参与行为本身具有一定的积极指向，是符合社会预期的积极行为，这可能会产生由社会称许性所带来的影响。

四是本书探讨的是突发公共卫生事件这一特定背景中的社交媒体用户亲社会参与问题，但突发公共卫生事件本身根据其性质、诱因、危害程度等不同也可划分为不同类型，那么不同类型的突发公共卫生事件中的亲社会参与行为可能也存在一定差异性，这一点本研究中并没有涉及，未来研究则可进一步将其进行细分之后进行探讨，以提升研究结论的适用性。

五是本书从可供性视角研究突发公共卫生事件中社交媒体用户亲社会参与行为机制，除本书所研究的自我决定感这类中介变量外，可能还有其他的因素存在于影响机制之中，本书并没有涉及。此外，可供性兼顾了技术与人之间的关系，但针对用户的社交媒体使用可能对亲社会参与带来的影响并没有纳入研究之中。同时，也缺乏对突发公共卫生事件亲社会参与具体案例的对比分析，因而较难反映具体亲社会参与行为的影响因素及其机理。

6.4 研究展望

鉴于亲社会参与对社会与用户个人所具有的积极意义，本书立足于可供性理论视角，研究了突发公共卫生事件中社交媒体用户亲社会参与行为表现、行为机制等。由于亲社会参与的复杂性，用户的差异性，这一主题下仍有大量命题需要在后续研究中进一步开展，这也将成为我们未来需要拓展和继续钻研的方向。

（1）针对用户在个体和群体上的差异性，未来可以进一步探究突发公共卫生事件中用户个体或群体因素对亲社会参与的影响。在个体因素方面，用户的社交媒体使用行为、使用动机、个体人格特质、突发公共卫生事件的创伤经历等都可能影响其亲社会参与行为。群体方面，诸如年龄、性别、社区、职业、民族等因素影响下的群体异质性也可能带来不同的亲社会参与特征。以上两方面中都存在许多可以继续探讨的命题，这也是未来研究中可以着力进行的。

（2）本研究通过对突发公共卫生事件中社交媒体用户行为数据的内容分析得到了亲社会参与的维度，并通过调查研究与因子分析验证了这一构念的维度的有效性，得到了一个具有信度和效度的量表。但是，该构念的维度与测量工具仅适用于突发公共卫生事件中。亲社会参与事实上是社交媒体中的一种普遍的参与行为，因而后续研究可继续探讨非突发公共卫生事件这一限定条件下的用户亲社会参与，包括对内涵维度与测量工具的探究与发展。同时，也可以继续研究用户亲社会参与行为的影响机制，进一步丰富用户参与及网络亲社会行为研究领域。

（3）在突发公共卫生事件社交媒体用户亲社会参与行为机制中，还有其他负向影响因素存在，但本书仅集中探讨了具有促进作用的因素及其相关作用机制，下一步研究中应当继续挖掘这些负面因素对亲社会参与这种积极的参与行为带来的阻碍，从而进一步为提升突发公共卫生事件中社交媒体用户亲社会参与度提供理论参考。

（4）针对不同情境下的具体亲社会参与行为的影响因素可能存在差异的问题，要对突发共卫生事件中亲社会参与具体案例进行深入挖掘和研讨。

参考文献

[1]   Andrew L. Comrey& Howard B. Lee. A First Course in Factor Analysis. 2nd Edition[M]. New York: Psychology Press, 1992.

[2]   Benski, T. & Fisher, E.. Internet and emotions[M]. UK: Routledge, 2014.

[3]   Davis, M. H. Empathy: A social psychological approach[M]. Madison: Brown & Benchmark Publishers, 1994.

[4]   Deci, E. L. & Ryan, R. M. Conceptualizations of Intrinsic Motivation and Self-Determination in Human Behavior[M]. New York: Plenum, 1985.

[5]   Dovidio, J. F. The Social Psychology of Prosocial Behavior[M]. New York: Psychology Press, 2006.

[6]   Glaser, B. G. & Strauss, A. The discovery of grounded theory: Strategies for qualitative research[M]. Chicago: Aldine, 1967.

[7]   Hoffman, M. L. Empathy and moral development: Implications for caring and justice[M]. Cambridge: Cambridge University Press, 2001.

[8]   Mehrabian, A. & Russell, J. A. An approach to environmental psychology[M]. Cambridge: MIT Press, 1974.

[9]   A H J O, B E O, B L R. How does online social networking enhance life satisfaction? The relationships among online supportive interaction, affect, perceived social support, sense of community, and life satisfaction[J]. Computers

in Human Behavior, 2014, 30(1): 69-78.

[10] Aiken, L. S., & West, S. G.. Multiple regression: testing and interpreting interactions - institute for social and economic research (iser)[J]. Evaluation Practice, 1991, 14(2), 167-168.

[11] Alamaki, A., Pesonen, J., & Dirin, A.. Triggering effects of mobile video marketing in nature tourism: Media richness perspective[J]. Information Processing & Management, 2019, 56(3), 756-770.

[12] Alexander, D. E. Social media in disaster risk reduction and crisis management[J]. Science and engineering ethics, 2014, 20(3), 717-733.

[13] Aquino, K., & Reed, A. I. The self-importance of moral identity[J]. Journal of Personality & Social Psychology, 2002, 83(6), 1423.

[14] Aquino, K., Dan, F., Reed, A., Felps, W., & Lim, V.. Testing a social-cognitive model of moral behavior: the interactive influence of situations and moral identity centrality[J]. Journal of Personality & Social Psychology, 2009, 97(1), 123.

[15] Argyris, Y. A., & Monu, K. Corporate use of social media: Technology affordance and external stakeholder relations[J]. Journal of Organizational Computing and Electronic Commerce, 2015, 25(2), 140-168.

[16] Argyrisa, Young, E., (Anna), Xu, & Jingjun. Enhancing self-efficacy for career development in facebook[J]. Computers in Human Behavior, 2016, 55, 921-931.

[17] Ashforth B E, Mael F. Social Identity Theory and the Organization[J]. Academy of Management Review, 1989, 14(1): 20-39.

[18] A, T. M., & B, P. E. Engagement in online health communities: channel expansion and social exchanges[J]. Information & Management, 2020, 58(1), 1-18.

[19] Balasubramanian, S., Peterson, R. A., & Jarvenpaa, S. L. Exploring the implications of m-commerce for markets and marketing[J]. Journal of the

Academy of Marketing Science, 2002, 30(4), 348.

[20] Bandura, A. Self-efficacy: Toward a unifying theory of behavioral change[J]. Psychological Review, 1977, 84, 191-215.

[21] Bandura, Albert Pastorelli, ConcettaBarbaranelli, ClaudioCaprara, & Vittorio, G. Self-efficacy pathways to childhood depression[J]. Journal of Personality and Social Psychology, 1999, 76, 258-269.

[22] Baron-Cohen, S., & Wheelwright, S. The empathy quotient: an investigation of adults with asperger syndrome or high functioning autism, and normal sex differences[J]. Journal of Autism & Developmental Disorders, 2004, 33(5), 509-517.

[23] Barrett, L., Dunbar, R. I. M., & Lycett, J. E. Human evolutionary psychology[J]. Trends in Ecology & Evolution, 2002, 20(1).

[24] Barton, H., Thorpe, J., & Dufur, M. Social capital and prosocial behavior among german children[J]. Social Sciences., 2020, 9(215), 1-15.

[25] Basil, D. Z., Ridgway, N. M., & Basil, M. D.. Guilt and giving: a process model of empathy and efficacy[J]. Psychology & Marketing, 2010, 25(1), 1-23.

[26] Batson, C. D., Ahmad, N., & Jo-Ann Tsang. Four motives for community involvement[J]. Journal of Social Issues, 2002, 58(3), 429-445.

[27] Zhao, X., Lynch Jr., J. G. and Chen, Q. Reconsidering Baron and Kenny: Myths and Truths about Mediation Analysis[J]. Journal of Consumer Research, 2010, 37, 197-206.

[28] Belk R W. Situational Variables and Consumer Behavior[J]. Journal of Consumer Research, 1975, 2 (3) : 157-164.

[29] Bettencourt, B. A., & Hume, D. The cognitive contents of social-group identity: values, emotions, and relationships[J]. European Journal of Social Psychology, 1999, 29(1), 113-121.

[30] Bindra, V. G., & Decuir-Gunby, J. T. Race in cyberspace: college students' moral identity and engagement with race-related issues on social media[J]. The

Urban Review, 2020, 52(3), 541-561.

[31] Bosancianu, C. M., Powell, S., & Bratovi'C, E. Social capital and pro-social behavior online and offline[J]. International Journal of Internet Science, 2013, 8(1), 49-68.

[32] Bruner, J. S., & Postman, L. Tension and tension release as organizing factors in perception[J]. Journal of Personality, 1947, 15, 300-308.

[33] Buffardi, L. E., & Campbell, W. K. Narcissism and social networking web sites[J]. Personality and Social Psychology Bulletin, 2008, 4(10), 1303-1314.

[34] Bushman, B. J., & Anderson, C. A. Media violence and the american public. scientific facts versus media misinformation[J]. Am Psychol, 2001, 56(6-7), 477-489.

[35] Cabiddu, F., De Carlo, M., Piccoli, G., Social media affordances: Enabling customer engagement[J]. Annals of Tourism Research, 2014, 48, 175-192.

[36] Caplan, S. E., & Turner, J. S. Bringing theory to research on computer-mediated comforting communication[J]. Computers in Human Behavior, 2007, 23(2), 985-998.

[37] Caprara, G. V. Personality psychology: Filling the gap between basic processes and molar functioning[J]. Psychology at the turn of the millennium, 2002, 2, 201-224.

[38] Caprara, G. V., & Steca, P. Self-efficacy beliefs as determinants of prosocial behavior con[J]. Journal of Social & Clinical Psychology, 2005, 24(2), 191-217.

[39] Caprara, G. V., Alessandri, G., & Eisenberg, N. Prosociality: the contribution of traits, values, and self-efficacy beliefs[J]. J Pers Soc Psychol, 2012, 102(6), 1289-1303.

[40] Carlo, G., & Randall, B. A. The development of a measure of prosocial behaviors for late adolescents[J]. Journal of Youth & Adolescence, 2002, 31(1), 31-44.

[41] Carlo, G., Hausmann, A., Christiansen, S., & Randall, B. A. Sociocognitive and

behavioral correlates of a measure of prosocial tendencies for adolescents[J]. Journal of Early Adolescence, 2003, 23(1), 107-134.

[42] C. D. Batson, A. A. PowellAltruism and prosocial behavior[J]. Handbook of Psychology, 2003, 3 (19), 463-48.

[43] Chan, M. Social identity gratifications of social network sites and their impact on collective action participation[J]. Asian Journal of Social Psychology, 2014, 17(3), 229-235.

[44] Chen, L. D.. Consumer acceptance of virtual stores: A theoretical model and critical success factors for virtual stores[D]. The University of Memphis, 2000.

[45] Chen, Q., Xu, X., Cao, B., & Zhang, W. Social media policies as responses for social media affordances: the case of china[J]. Government Information Quarterly, 2016, 33(2), 313-324.

[46] Cheshire, C., & Antin, J. The social psychological effects of feedback on the production of internet information pools[J]. Journal of Computer-Mediated Communication, 2008, 13(3), 705-727.

[47] Chiou, W. B., Chen, S. W., & Liao, D. C. Does Facebook promote self-interest? Enactment of indiscriminate one-to-many communication on online social networking sites decreases prosocial behavior[J]. Cyberpsychology, Behavior, and Social Networking, 2014, 17(2), 68-73.

[48] Chiu, C. M., Hsu, M. H., & Wang, E. T. G. Understanding knowledge sharing in virtual communities: an integration of social capital and social cognitive theories[J]. Decision Support Systems, 2007, 42(3), 1872-188.

[49] Chouliaraki, & Lilie. Towards an analytics of mediation[J]. Critical Discourse Studies, 2006, 3(2), 153-178.

[50] Christensen, & P., N. Social norms and identity relevance: a motivational approach to normative behavior[J]. Pers Soc Psychol Bull, 2004, 30(10), 1295-1309.

[51] Churchill, G. A., & Jr. A paradigm for developing better measures of marketing

constructs[J]. Journal of Marketing Research, 1979, 16(1), 64-73.

[52] Conner, M., & Armitage, C. J.. Extending the theory of planned behavior: a review and avenues for further research[J]. Journal of Applied Social Psychology, 2010, 28(15), 1429-1464.

[53] Cosmides, L., & Tooby, J. Cognitive adaptations for social exchange[J]. The adapted mind: Evolutionary psychology and the generation of culture, 1992, 163, 163-228.

[54] Crick, N. R., & Dodge, K. A. A review and reformulation of social information-processing mechanisms in children's social adjustment[J]. Psychological Bulletin, 1994, 115 (1), 74-101.

[55] Daft, R. L., & Lengel, R. H.. Information richness: a new apporach to managerial information processing and organizational design[J]. Research in Organizational Behavior, 1984, 6, 191-233.

[56] Darwin, C. The origin of species by means of natural selection[J]. American Anthropologist, 1929, 61(3), 176-177.

[57] Davis, K., Katz, S., Santo, R., & James, C. Fostering cross-generational dialogues about the ethics of online life[J]. The Journal of Media Literacy Education, 2010, 2(2), 124-150.

[58] Day, A., Scott, N., & Kelloway, K. Information and communication technology: implications for job stress and employee well-being[J]. Research in Occupational Stress and Well Bng, 2010, 8(2010), 317-350.

[59] Dayan, D. Conquering Visibility, Conferring Visibility: Visibility Seekers and Media Performance[J]. International Journal of Communication, 2013, 7, 137-153.

[60] De Waal, F. B. M. Putting the altruism back into altruism: The evolution of empathy[J]. Annual Review of Psychology, 2008, 59(1), 279-300.

[61] Deci E L, Ryan R M. The "what" and "why" of goal pursuits: Human needs and the self-determination of behavior[J]. Psychological inquiry, 2000, 11(4), 227-268.

[62] Dennis, A. R., & Kinney, S. T. Testing media richness theory in the new media: the effects of cues, feedback, and task equivocality[J]. Information Systems Research, 1998, 9(3), 256-274.

[63] Devellis, R. F. A consumer's guide to finding, evaluating, and reporting on measurement instruments[J]. Arthritis & Rheumatism: Official Journal of the American College of Rheumatology, 1996, 9(3), 239-245.

[64] Dong, X., & Wang, T. Social tie formation in chinese online social commerce: the role of it affordances[J]. International Journal of Information Management, 2018, 42(10), 49-64.

[65] Dong X, Wang T, Benbasat I. IT Affordances in Online Social Commerce: Conceptualization Validation and Scale Development[C]. AMCIS. 2016.

[66] Dufty, N. Using social media to build community disaster resilience[J]. Australian Journal of Emergency Management, 2012, 27(1), 40-45.

[67] Eisenberg, N., & Miller, P. A. The relation of empathy to prosocial and related behaviors[J]. Psychological Bulletin, 1987, 101(1), 91.

[68] Eisenberg, N., Guthrie, I. K., Cumberland, A., Murphy, B. C., & Carlo, G. Prosocial development in early adulthood: a longitudinal study[J]. Journal of Personality and Social Psychology, 2002, 82(6), 993-1006.

[69] Eisenberg, N., &Miller, P. A. The relation of empathy to prosocial and related behaviors[J]. Psychological Bulletin, 1987, 101 (1), 91-119.

[70] Ellison, N. B., Charles, S., & Cliff, L. The benefits of facebook "friends": social capital and college students' use of online social network sites[J]. Journal of Computer - Mediated Communication, 2010, 12, 1143-1168.

[71] Ellison, N. B., Vitak, J., Gray, R., & Lampe, C. Cultivating social resources on social network sites: facebook relationship maintenance behaviors and their role in social capital processes[J]. Journal of Computer - Mediated Communication, 2014, 19(4), 855-870.

[72] Ellison, N. B., Gibbs, J. L., & Weber, M. S. The use of enterprise social network

sites for knowledge sharing in distributed organizations: The role of organizational affordances[J]. American Behavioral Scientist, 2015, 59(1), 103-123.

[73] Ellison, N. B., Gray, R., Lampe, C., &Fiore, A. T. Social capital and resource requests on Facebook[J]. New Media&Society, 2014, 16 (7), 1104-1121.

[74] Ellison, Steinfield, Lampe. The Benefits of Facebook "Friends": Exploring the Relationship between College Students[J]. Journal of Computer-Mediated Communication, 2007, 12, 1143-1168.

[75] Erickson, T., & Kellogg, W. A.. Social translucence: an approach to designing systems that support social processes[J]. ACM Transactions on Computer-Human Interaction (TOCHI), 2000, 7(1), 59-83.

[76] Erreygers, S., Vandebosch, H., Vranjes, I., Baillien, E., & Witte, H. D. Feel good, do good online? spillover and crossover effects of happiness on adolescents' online prosocial behavior[J]. Journal of Happiness Studies, 2019, 20, 1241-1258.

[77] Erreygers, S., Vandebosch, H., Vranjes, I., Baillien, E., & De Witte, H. Nice or naughty? The role of emotions and digital media use in explaining adolescents' online prosocial and antisocial behavior[J]. Media psychology, 2017, 20(3), 374-400.

[78] Erreygers, S., Vandebosch, H., Vranjes, I., Baillien, E., & De Witte, H. Development of a measure of adolescents' online prosocial behavior[J]. Journal of Children and Media, 2018, 12(4), 448-464.

[79] Evans, S. K., Pearce, K. E., Vitak, J., & Treem, J. W. Explicating affordances: a conceptual framework for understanding affordances in communication research[J]. Journal of Computer - mediated Communication, 2017, 22(1), 35-52.

[80] Faraj, S. and Azad, B.. The Materiality of Technology: An Affordance Perspective. In: Leonardi, P. M., Nardi, B. A. and Kallinikos, J., Eds., Materiality and Organizing: Social Interaction in a Technological World[C]. Oxford University Press, Oxford, 2012, 237-258.

[81] Forge, K., & Phemister, S. The effect of prosocial cartoons on preschool children[J]. Child Study Journal, 1987, 17(2), 83-88.

[82] Fornell, C., & Larcker, D. F. Evaluating structural equation models with unobservable variables and measurement error[J]. Journal of Marketing Research, 1981, 24(2), 337-346.

[83] G. Torkzadeh, T. P. Van Dyke. Effects of Training on Internet Self-efficacy and Computer User Attitudes[J]. Computer in Human Behavior, 2002, 18, 479-494.

[84] Gao, Q., Rau, P. L. P., & Salvendy, G. Perception of interactivity: affects of four key variables in mobile advertising[J]. International Journal of Humancomputer Interaction, 2009, 25(6), 479-505.

[85] Garfield, M. Acceptance of ubiquitous computing[J]. Information Systems Management, 2005, 22(4), 24-31.

[86] Gecas V. The social psychology of self-efficacy[J]. Annual review of sociology, 1989, 15(1), 291-316.

[87] Gentile D A, Anderson C A, Yukawa S, et al. The effects of prosocial video games on prosocial behaviors: International evidence from correlational, longitudinal, and experimental studies[J]. Personality and Social Psychology Bulletin, 2009, 35(6), 752-763.

[88] Gibson, J. J.. The theory of affordances[J]. In: R S, Bransford J, editors. Perceiving, acting, and knowing: Toward an ecological psychology. Hillsdale, NJ: Erlbaum, 1977, 67-82.

[89] Gould R V. Collective action and network structure[J]. American sociological review, 1993, 182-196.

[90] Grabe, M. E., Kleemans, M., Bas, O., Myrick, J. G., & Kim, M. Putting a human face on cold, hard facts: Effects of personalizing social issues on perceptions of issue importance[J]. International Journal of Communication, 2017, 11, 907-929.

[91] Grant, A. M., & Gino, F. A little thanks goes a long way: Explaining why

gratitude expressions motivate prosocial behavior[J]. Journal of personality and social psychology, 2010, 98(6), 946.

[92] Greitemeyer T, McLatchie N. Denying humanness to others: A newly discovered mechanism by which violent video games increase aggressive behavior[J]. Psychological science, 2011, 22(5), 659-665.

[93] Grottke, M., Hacker, J. V., & Durst, C. Which factors determine our online social capital? an analysis based on structural equation modelling[J]. Australasian Journal of Information Systems, 2018, 22, 1-35.

[94] Hair, J. F., Ringle, C. M., & Sarstedt, M. Pls-sem: indeed a silver bullet[J]. The Journal of Marketing Theory and Practice, 2011, 19(2), 139-151.

[95] Hair, J. F., Tatham, R. L., Anderson, R. E., & Black, W. Multivariate data analysis[J]. Technometrics, 1998, 30(1), 130-131.

[96] Hardy S A, Carlo G. Moral identity: What is it, how does it develop, and is it linked to moral action?[J]. Child development perspectives, 2011, 5(3), 212-218.

[97] Hardy, S. A. Identity, reasoning, and emotion: An empiricalcomparison of three sources of moral motivation[J]. Motivation and E-motion, 2006, 30(3), 207-215.

[98] Harp D, Bachmann I, Guo L. The whole online world is watching: Profiling social networking sites and activists in China, Latin America and the United States[J]. International Journal of Communication, 2012, 6(1), 298-321.

[99] Hart, D., Atkins, R., & Ford, D. Family influences on the formation of moral identity in adolescence: Longitudinal analyses[J]. Journal of Moral Education, 1999, 28, 375-386.

[100] He, Q. Knowledge discovery through co-word analysis[J]. Library Trends, 1999, 48(1), 133-59.

[101] Heerwegh, D. Effects of personal salutations in e-mail invitations to participate in a web survey[J]. Public Opinion Quarterly, 2005, 69 (4), 588-598.

[102] Henry K B, Arrow H, Carini B. A Tripartite Model of Group Identification[J]. Small Group Research, 1999, 30(5), 558-581.

[103] Herdadelen A, Zuo W, Gard-Murray A, et al. An Exploration of Social Identity: The Geography and Politics of News-Sharing Communities in Twitter[J]. Complexity, 2013, 19(2): 10-20.

[104] Hogg, M. A., Hains, S. C., & Mason, I. Identification and leadership in small groups: Salience, frame of reference, and leader stereotypicality effects on leader evaluations[J]. Journal of Personality and Social Psychology, 1998, 75(5), 1248-1263.

[105] Homero, Gil, de, Zúiga, Nakwon, & Jung, et al. Social media use for news and individuals' social capital, civic engagement and political participation[J]. Journal of Computer-Mediated Communication, 2012, 17(3), 319-336.

[106] Hsu, M. H., Ju, T. L., Yen, C. H., & Chang, C. M. Knowledge sharing behavior in virtual communities: the relationship between trust, self-efficacy, and outcome expectations[J]. International Journal of Human-Computer Studies, 2007, 65(2), 153-169.

[107] Huemer, L., Becerra, M., & Lunnan, R. Organizational identity and network identification: relating within and beyond imaginary boundaries[J]. Scandinavian Journal of Management, 2004, 20(1-2), 53-73.

[108] Hutchby, I. Technologies, texts and affordances[J]. Sociology, 2001, 35(2), 441-456.

[109] Icek, & Ajzen. Perceived behavioral control, self-efficacy, locus of control, and the theory of planned behavior[J]. Journal of Applied Social Psychology, 2002, 32(4), 665-683.

[110] Indian, M., & Grieve, R. When facebook is easier than face-to-face: social support derived from facebook in socially anxious individuals[J]. Personality and Individual Differences, 2014, 59(2), 102-106.

[111] I Marín-López, Zych, I., Ortega-Ruiz, R., Monks, C. P., & Llorent, V. J.

Empathy online and moral disengagement through technology as longitudinal predictors of cyberbullying victimization and perpetration[J]. Children and Youth Services Review, 2020, 116(09), 105-144.

[112] J. Preece, K. GhozatiObservations and explorations of empathy online R. R. Rice, J. E. Katz. The internet and health communication: Experience and expectations[J]. Sage Publications Inc., Thousand Oaks, 2001, 237-260.

[113] J., Philippe, Rushton, and, Roland, & D., et al. The altruistic personality and the self-report altruism scale[J]. Personality and Individual Differences, 1981, 2(4), 293-302.

[114] Jackson, P. L., & Decety, J. Motor cognition: a new paradigm to study self-other interactions[J]. Current Opinion in Neurobiology, 2004, 14(2), 259-263.

[115] James, C., Davis, K., Flores, A., Francis, J. M., Pettingill, L., Rundle, M., et al. Young people, ethics, and the new digital media[J]. Contemporary Readings in Law & Social Justice, 2010, 2(2), 215-284.

[116] James LR, Brett JM. Mediators, moderator sand tests form ediation [J]. Journal of Applied Psychology, 1984, 69 (2), 307-321.

[117] Jane-Marie Fatkin.. 'Pro' Social Media: Using Key Social Psychological Theories to Increase Prosocial Engagement on Social Media Sites[D]. Heriot-Watt University, 2015.

[118] Jang. The effects of SNS writing on empathic experiences and prosocial behavior[J]. Korean Journal of Communication, 2014, 58 (3), 5-35.

[119] Jiang, C., Zhao, W., Sun, X., Zhang, K., Zheng, R., & Qu, W., et al. The effects of the self and social identity on the intention to microblog: an extension of the theory of planned behavior[J]. Computers in Human Behavior, 2016, 64, 754-759.

[120] Joinson, A. N., & Reips, U. D. Personalized salutation, power of sender and response rates to Web-based survey[J]. Computers in Human Behavior, 2007, 23(3), 1372-1383.

[121] Jolliffe, D., & Farrington, D. P. Development and validation of the basic empathy scale[J]. Journal of Adolescence, 2006, 29(4), 589-611.

[122] Jordan, J., Leliveld, M. C., & Tenbrunsel, A. E. The moral self-image scale: Measuring and understanding the malleability of the moral self[J]. Frontiers in psychology, 2015, 6, 1-16.

[123] Jude ChoonLoong Yew. Social Performances: A Sociotechnical Framework for Understanding Online Prosocial Behavior[D]. University of Michigan, 2011.

[124] Junglas, I., & Watson, R. T. The u-constructs: four information drives[J]. Communications of the Association for Information Systems, 2006, 17(1), 569-592.

[125] Kankanhalli, A., Tan, B. C., & Wei, K. K. Contributing knowledge to electronic knowledge repositories: An empirical investigation[J]. MIS quarterly, 2005, 113-143.

[126] Kashian, N., & Mirzaei, T. Understanding communication effectiveness, communication satisfaction, self-efficacy, and self-care management among patients with chronic disease[J]. ence Communication, 2019, 41(2), 172-195.

[127] Khan, M. L. Social media engagement: what motivates user participation and consumption on youtube?[J]. Computers in Human Behavior, 2017, 66, 236-247.

[128] Khang, Hyoungkoo, Jeong, & Irkwon. Perceived self and behavioral traits as antecedents of an online empathic experience and prosocial behavior: evidence from South Korea[J]. Computers in human behavior, 2016, 64, 888-897.

[129] Kim, S., & Garrison, G. Investigating mobile wireless technology adoption: an extension of the technology acceptance model[J]. Information Systems Frontiers, 2009, 11(3), 323-333.

[130] Kline, & R., B. Software review: software programs for structural equation modeling: amos, eqs, and lisrel[J]. Journal of Psychoeducational Assessment, 1998, 16(4), 343-364.

[131] Kock N. Media richness or media naturalness? The evolution of our biological communication apparatus and its influence on our behavior toward E-communication tools[J]. IEEE Transactions on Professional Communication, 2005, 48(2): 117-130.

[132] Kowalski, R. M., Giumetti, G. W., Schroeder, A. N., & Lattanner, M. R. Bullying in the digital age: a critical review and meta-analysis of cyberbullying research among youth[J]. Psychological Bulletin, 2012, 140(4), 1073.

[133] Krippendorff, K. Reliability in content analysis: Some common misconceptions and recommendations[J]. Human communication research, 2004, 30(3), 411-433.

[134] Latif, K., Malik, M. Y., Pitafi, A. H., Kanwal, S., & Latif, Z. If you travel, I travel: Testing a model of when and how travel-related content exposure on facebook triggers the intention to visit a tourist destination[J]. Sage Open, 2020, 10(2), 1-12.

[135] Leary, M. R., Kowalski, R. M.. Impression management A literature review and two-component model[J]. Psychological Bulletin, 1990, 107(1): 34-47.

[136] Leavitt, K., Zhu, L., & Aquino, K. Good without knowing it: subtle contextual cues can activate moral identity and reshape moral intuition[J]. Journal of Business Ethics, 2016, 137(4), 785-800.

[137] Lee, C. S. Managing perceived communication failures with affordances of icts[J]. Computers in Human Behavior, 2010, 26(4), 572-580.

[138] Lee, D. K. L., & Borah, P. Self-presentation on instagram and friendship development among young adults: a moderated mediation model of media richness, perceived functionality, and openness[J]. Computers in Human Behavior, 2020, 103, 57-66.

[139] Lehdonvirta, M., Nagashima, Y., Lehdonvirta, V., & Baba, A. The stoic male: How avatar gender affects help-seeking behavior in an online game[J]. Games and culture, 2012, 7(1), 29-47.

[140]   Lemmens, J. S., Valkenburg, P. M., & Peter, J. Development and validation of a game addiction scale for adolescents[J]. Media Psychology, 12(1), 2009, 77-95.

[141]   Leonardi, P. M., & Barley, S. R. Materiality and change: challenges to building better theory about technology and organizing[J]. Information & Organization, 2008, 18(3), 159-176.

[142]   Leonardi, P. M. When flexible routines meet flexible technologies: affordance, constraint, and the imbrication of human and material agencies[J]. Social Science Electronic Publishing, 2011, 35(1), 147-168.

[143]   Leonardi, P. M., Huysman, M., & Steinfield, C. Enterprise social media: Definition, history, and prospects for the study of social technologies in organizations[J]. Journal of Computer-Mediated Communication, 2013, 19(1), 1-19.

[144]   Luhtanen, R., & Crocker, J. A collective self-esteem scale: self-evaluation of one's social identity[J]. Personality & Social Psychology Bulletin, 1992, 18(3), 302-318.

[145]   M. H. Davis. Empathy and prosocial behavior. D. A. Schroeder, W. G. Graziano (Eds.), The Oxford Handbook of Prosocial Behavior (Eds.)[J]. Oxford: Oxford University Press, 2015, 282-306.

[146]   MacKinnon, D. P., Lockwood, C. M., Hoffman, J. M., West, S. G., & Sheets, V. A comparison of methods to test mediation and other intervening variable effects[J]. Psychological Methods, 2002, 7, 83-104.

[147]   Madjar, N., Greenberg, E., & Chen, Z. Factors for radical creativity, incremental creativity, and routine, noncreative performance[J]. Journal of Applied Psychology, 2011, 96(4), 730-43.

[148]   Maier, J. R. A., Fadel, G. M. Affordance based design: a relational theory for design[J]. Research in Engineering Design, 2009, 20(1): 13-27.

[149]   Majchrzak, A., Faraj, S., Kane, G. C., & Azad, B. The contradictory influence of social media affordances on online communal knowledge sharing[J].

Journal of Computer-Mediated Communication, 2013, 19(1), 38-55.

[150] Maner, J. K., & Gailliot, M. T. Altruism and egoism: Prosocial motivations for helping depend on relationship context[J]. European Journal of Social Psychology, 2007, 37(2), 347-358.

[151] Mares, M. L., & Woodard, E. Positive effects of television on children's social interactions: a meta-analysis[J]. Media Psychology, 2005, 7(3), 301-322.

[152] Mckenna, K. Y. A., & Bargh, J. A. Plan 9 from cyberspace: the implications of the internet for personality and social psychology[J]. Personality & Social Psychology Review, 2000, 4(1), 57-75.

[153] Nekmat, E., & Lee, K. Prosocial vs. trolling community on facebook: a comparative study of individual group communicative behaviors[J]. International Journal of Communication, 2018, 1-22.

[154] Nickell, G. S. The Helping Attitude Scale[C]. Paper presented at the American Psychological Association Convention, San Francisco, 1998, 9.

[155] Norman, D. A. Affordance, conventions, and design[J]. interactions, 1999, 6(3), 38-43.

[156] O'Connor, M., Hawkins, M. T., Toumbourou, J. W., Sanson, A., Letcher, P., & Olsson, C. A.. The relationship between social capital and depression during the transition to adulthood[J]. Australian Journal of Psychology, 2011, 63, 26-35.

[157] Okazaki, S., Li, H., & Hirose, M. Consumer privacy concerns and preference for degree of regulatory control[J]. Journal of Advertising, 2013, 38(4), 63-77.

[158] Okazaki, S., & Mendez, F. Perceived ubiquity in mobile services[J]. Journal of Interactive Marketing, 2013, 27(2), 98-111.

[159] Okazaki, Shintaro, Mendez, Felipe, Perceived Ubiquity in Mobile Services[J]. Journal of Interactive Marketing, 2013, 27 (2), 98-111.

[160] Oostervink, N., Agterberg, M., & Huysman, M. Knowledge sharing on enterprise social media: practices to cope with institutional complexity[J].

Journal of Computer-Mediated Communication, 2016, 21(2), 156-176.

[161] Nambisan, P. Evaluating patient experience in online health communities[J]. Health Care Management Review, 2011, 36(2), 124-133.

[162] Nambisan, P. Information seeking and social support in online health communities: Impact on patients' perceived empathy[J]. Journal of the American Medical Informatics Association, 2011, 18, 298-304.

[163] Parcel, Toby L. Differentiation between social groups: Studies in the social psychology of intergroup relations[J]. American Journal of Sociology, 1978, 86(5): 1193-1194.

[164] Parker, E. B., Short, J., Williams, E., & Christie, B. The social psychology of telecommunications[J]. Contemporary Sociology, 1976, 7(1), 32.

[165] Pegg, K. J., O'Donnell, A. W., Lala, G., & Barber, B. L. The role of online social identity in the relationship between alcohol-related content on social networking sites and adolescent alcohol use[J]. Cyberpsychology Behavior & Social Networking, 2018, 21(1), 50-55.

[166] Piccoli, G. Triggered essential reviewing: the effect of technology affordances on service experience evaluations[J]. European journal of information systems, 2016, 25(6), 477-492.

[167] Pierce, J. L., & Gardner, D. G. Self-esteem within the work and organizational context: a review of the organization-based self-esteem literature[J]. Journal of Management, 2004, 30(5), 591-622.

[168] Podsakoff, P. M., Mackenzie, S. B., Lee, J. Y., & Podsakoff, N. P. Common method biases in behavioral research: a critical review of the literature and recommended remedies[J]. Appl Psychol, 2003, 88(5), 879-903.

[169] Pratt, M. W., Hunsberger, B., Pancer, S. M., & Alisat, S. A longitudinal analysis of personal values socialization: Correlates of a moral self - ideal in late adolescence[J]. Social Development, 2003, 12, 563-585.

[170] Preacher, K. J., & Hayes, A. F. Asymptotic and resampling strategies for

assessing and comparing indirect effects in multiple mediator models[J]. Behav Res Methods, 2008, 40(3), 879-891.

[171] Raja-Yusof, R. J., Norman, A. A., Abdul-Rahman, S. S., & Mohd-Yusoff, Z. Cyber-volunteering: Social media affordances in fulfilling NGO social missions[J]. Computers in Human Behavior, 2016, 57, 388-397.

[172] Ralf Wölfer, Cortina, K. S., & Jürgen Baumert. Embeddedness and empathy: how the social network shapes adolescents' social understanding[J]. Journal of Adolescence, 2012, 35(5), 1295-1305.

[173] Reed, A., Aquino, K., & Levy, E. Moral identity and judgments of charitable behaviors[J]. Journal of Marketing, 2007, 71(1), 178-193.

[174] Reich, S. M., Subrahmanyam, K., & Espinoza, G. Friending, IMing, and hanging out face-to-face: overlap in adolescents' online and offline social networks[J]. Developmental psychology, 2012, 48(2), 356.

[175] Rice, R. E., Evans, S. K., Pearce, K. E., Sivunen, A., Vitak, J., & Treem, J. W. Organizational media affordances: operationalization and associations with media use[J]. Journal of Communication, 2017, 67(1), 106-130.

[176] Rijsewijk, L. V., Dijkstra, J. K., Pattiselanno, K., Steglich, C., & René Veenstra. Who helps whom? investigating the development of adolescent prosocial relationships[J]. Developmental Psychology, 2016, 52(6), 894-908.

[177] Robinson, E. H. M., & Curry, J. R. Promoting altruism in the classroom[J]. Childhood Education, 2005, 82(2), 68-73.

[178] Ryan, R. M., & Deci, E. L. Self-determination theory and the facilitation of intrinsic motivation, social development, and well-being[J]. American Psychologist, 2000, 55(1), 68-78.

[179] S. Park. Associations of physical activity with sleep satisfaction, perceived stress, and problematic Internet use in Korean adolescents[J]. BMC Public Health, 2014, 14 (1), 1143.

[180] Sarason, I. G., Levine, H. M., Basham, R. B., & Sarason, B. R. Assessing

social support: the social support questionnaire[J]. Journal of Personality and Social Psychology, 1983, 44(1), 127-139.

[181] Schrock, A. R. Communicative affordances of mobile media: portability, availability, locatability, and multimediality[J]. International Journal of Communication, 2015, 9(1), 1229-1246.

[182] Schunk, D. H., & Hanson, A. R. Self-modeling and children's cognitive skill learning[J]. Journal of Educational Psychology, 1989, 81(2), 155.

[183] Sheer, V. C. Teenagers' use of msn features, discussion topics, and online friendship development: the impact of media richness and communication control[J]. Communication Quarterly, 2011, 59(1), 82-103.

[184] Berent, i. pinker, s. & shimron. The nature of regularity and irregularity: evidence from hebrew nominal inflection[J]. Journal of psycholinguistic research, 2002, 31(5), 459-501.

[185] Shoshani, A., & Krauskopf, M. The fortnite social paradox: the effects of violent-cooperative multi-player video games on children's basic psychological needs and prosocial behavior[J]. Computers in Human Behavior, 2020, 116.

[186] Shwartz-Asher, D., Chun, S., Adam, N. R., & Snider, K. L. Knowledge sharing behaviors in social media[J]. Technology in Society, 2020, 63.

[187] Slater, M. D. Reinforcing spirals: The mutual influence of media selectivity and media effects and their impact on individual behavior and social identity[J]. Communication theory, 2007, 17(3), 281-303.

[188] Sprafkin, J. N., Liebert, R. M., & Poulos, R. W. Effects of a prosocial televised example on children's helping[J]. Journal of Experimental Child Psychology, 1975, 20(1), 119-126.

[189] Sproull, L., & Kiesler, S. Reducing social context cues: the case of electronic mail[J]. Management Science, 1986, 32(11), 1492-1512.

[190] Sproull, L., Conley, C. A., & Moon, J. Y. The Kindness of Strangers: Prosocial

Behavior on the Internet[J]. The Social Net, 2013(1), 143-164.

[191] Sproull, L., Conley, C. A., and Moon, J. Y.. Prosocial behavior on the Net. In Yair Amichai-Hamburger (Ed.), The social net: Understanding human behavior in cyberspace [C]. Oxford University Press, 2005, 139-162.

[192] Steinemann, S. T., Geelan, B. J., Zaehringer, S., Mutuura, K., Wolkow, E., Frasseck, L., & Opwis, K. Potentials and pitfalls of increasing prosocial behavior and self-efficacy over time using an online personalized platform[J]. Plos one, 2020, 15(6).

[193] Steinfield, C., Ellison, N. B., & Lampe, C. Social capital, self-esteem, and use of online social network sites: a longitudinal analysis[J]. Journal of Applied Developmental Psychology, 2008, 29(6), 434-445.

[194] Sun Y, Shao X, Li X, et al. How live streaming influences purchase intentions in social commerce: An IT affordance perspective[J]. Electronic commerce research and applications, 2019, 37.

[195] Tajfel, H., & Turner, J. An integrative theory of intergroup conflict[J]. social psychology of intergroup relations, 1979, 33, 94-109.

[196] Tajfel, H., Billig, M. G., Bundy, R. P., & Flament, C. Social categorization and intergroup behaviour[J]. European journal of social psychology, 1971, 1(2), 149-178.

[197] Tidwell, M. V. A social identity model of prosocial behaviors within nonprofit organizations[J]. Nonprofit Management & Leadership, 2005, 15(4), 449-467.

[198] Treem J W, Leonardi P M. Social media use in organizations: Exploring the affordances of visibility, editability, persistence, and association[J]. Annals of the International Communication Association, 2013, 36(1), 143-189.

[199] Valkenburg, P. M., & Peter, J. Online communication among adolescents: an integrated model of its attraction, opportunities, and risks[J]. Journal of Adolescent Health Official Publication of the Society for Adolescent Medicine, 2011, 48(2), 121-127.

[200] Valkenburg, P. M., & Peter, J. The differential susceptibility to media effects model[J]. Journal of Communication, 2013, 63(2), 221-243.

[201] Vinnari, E., & Laine, M. The moral mechanism of counter accounts: the case of industrial animal production[J]. Accounting Organizations & Society, 2017, 57, 1-17.

[202] Vitak J, Zube P, Smock A, et al. It's complicated: Facebook users' political participation in the 2008 election[J]. CyberPsychology, behavior, and social networking, 2011, 14(3), 107-114.

[203] Vossen H G M, Valkenburg P M. Do social media foster or curtail adolescents' empathy? A longitudinal study[J]. Computers in Human Behavior, 2016, 63, 118-124.

[204] Wang C C, Wang C H. Helping others in online games: Prosocial behavior in cyberspace[J]. CyberPsychology & Behavior, 2008, 11(3), 344-346.

[205] Wang H, Wang J, Tang Q. A review of application of affordance theory in information systems[J]. Journal of Service Science and Management, 2018, 11(1), 56.

[206] Wang, N. T., Carte, T. A., & Bisel, R. S. Negativity decontaminating: communication media affordances for emotion regulation strategies[J]. Information and Organization, 2020, 30(2).

[207] Wang, W. C., Huang, T., Huang, S. C., & Wang, L. J. Internet Use, Group Identity, and Political Participation among Taiwanese Americans[J]. China Media Research, 2009, 5(4), 47-62.

[208] Wang. L, Graddy. E. Social capital, volunteering, and charitable giving. Volunt. Int. J. Volunt[J]. Nonprofit Organ, 2008, 19 (1), 23.

[209] Warren A M, Sulaiman A, Jaafar N I. Facebook: The enabler of online civic engagement for activists[J]. Computers in Human Behavior, 2014, 32, 284-289.

[210] Warren A M, Sulaiman A, Jaafar N I. Social media effects on fostering

online civic engagement and building citizen trust and trust in institutions[J]. Government information quarterly, 2014, 31(2), 291-301.

[211] Wasko, M. L., Molly, Faraj, & Samer. Why should i share? examining social capital and knowledge contribution in electronic networks of practice[J]. MIS Quarterly, 2005, 29(1), 35-57.

[212] Wellman, B., Haase, A. Q., Witte, J., & Hampton, K. Does the internet increase, decrease, or supplement social capital? social networks, participation, and community commitment[J]. American Behavioral Scientist, 2001, 45(3), 436-455.

[213] Wellman, B., Boase, J., & Chen, W. The networked nature of community: Online and offline[J]. It & Society, 2002, 1(1), 151-165.

[214] Williams D. On and off the'Net: Scales for social capital in an online era[J]. Journal of computer-mediated communication, 2006, 11, 593-628.

[215] Wohn D Y, LaRose R. Effects of loneliness and differential usage of Facebook on college adjustment of first-year students[J]. Computers & Education, 2014, 76: 158-167.

[216] Wright M F, Li Y. The associations between young adults' face-to-face prosocial behaviors and their online prosocial behaviors[J]. Computers in Human Behavior, 2011, 27(5).

[217] Wu, S. Y., Wang, S. T., Liu, Z. F., Da-Chain, H. U., & Hwang, W. Y. The influences of social self-efficacy on social trust and social capital-a case study of facebook[J]. Turkish Online Journal of Educational Technology, 2012, 11(2), 246-254.

[218] Yew, J. C. Social Performances: A Sociotechnical Framework for Understanding Online Prosocial Behavior[D]. University of Michigan, 2011.

[219] Zammuto, R. F., Griffith, T. L., Majchrzak, A., Dougherty, D. J., & Faraj, S. Information technology and the changing fabric of organization[J]. Organization science, 2007, 18(5), 749-762.

[220] Zhao, L., Lu, Y., Wang, B., Chau, P. Y. K., & Zhang, L. Cultivating the sense of belonging and motivating user participation in virtual communities: a social capital perspective[J]. International Journal of Information Management, 2012, 32(6), 574-588.

[221] 米德. 十九世纪的思想运动 [M]. 陈虎平, 刘芳念, 译. 北京: 中国城市出版社, 2003.

[222] 林南. 社会资本: 关于社会结构与行动的理论 [M]. 张磊, 译. 上海: 上海人民出版社, 2005.

[223] 马丁·L. 霍夫曼. 移情与道德发展: 关爱和公正的内涵 [M]. 杨绍刚, 万明, 译. 哈尔滨: 黑龙江人民出版社, 2003.

[224] 施特劳斯, 科宾. 质性研究概论 [M]. 徐宗国, 译. 台北: 巨流图书公司.

[225] 戴维·迈尔斯. 社会心理学 [M]. 张智勇, 乐国安, 侯玉波, 等译, 北京: 人民邮电出版社, 2016.

[226] 凯西·卡麦兹. 建构扎根理论: 质性研究实践指南 [M]. 边国英, 译. 重庆: 重庆大学出版社, 2009.

[227] 陈向明. 质的研究方法与社会科学研究 [M]. 北京: 教育科学出版社, 2000. 5-6.

[228] 福柯, 严锋. 权利的眼睛: 福柯访谈录 [M]. 上海: 上海人民出版社, 1997.

[229] 侯杰泰. 结构方程模型及其应用 [M]. 北京: 教育科学出版社, 2004.

[230] 黄芳铭. 结构方程模式: 理论与应用 [M]. 北京: 中国税务出版社, 2005.

[231] 邱均平, 王日芬. 文献计量内容分析法 [M]. 北京: 国家图书馆出版社, 2008.

[232] 吴明隆. 结构方程模型: AMOS 的操作与应用. [M]. 2 版. 重庆: 重庆大学出版社, 2010.

[233] 吴明隆. 结构方程模型: Amos 实务进阶 [M]. 重庆: 重庆大学出版社,

2013.

[234] 朱智贤. 心理学大辞典 [M]. 北京：北京师范大学出版社, 1989.

[235] 张庆鹏. 青少年的社群成长之路：亲社会行为及其干预. [M]. 北京：社会科学文献出版社, 2017.

[236] 寇彧, 张庆鹏. 青少年亲社会行为促进：理论与方法. [M]. 北京：北京师范大学出版社, 2017.

[237] 巴志超, 李纲, 毛进, 徐健. 微信群内部信息交流的网络结构、行为及其演化分析——基于会话分析视角 [J]. 情报学报, 2018, 37（10）：1009-1021.

[238] 巢乃鹏. 网游对青少年亲社会行为的影响 [J]. 学海, 2015（5）：24-30.

[239] 曹磊, 白贵. 培养全球化的文明观与"共情"的沟通能力——"构建人类命运共同体"背景下对新闻传播教育未来的思考 [J]. 新闻记者, 2018（2）：31-39.

[240] 陈华明, 刘效禹. 动员、信任与破解：网络谣言的圈子化传播逻辑研究 [J]. 现代传播（中国传媒大学学报）, 2020, 42（10）：58-63.

[241] 陈武英, 刘连启. 情境对共情的影响 [J]. 心理科学进展, 2016, 24（1）：91-100.

[242] 陈璟浩, 陈美合, 曾桢. 突发公共卫生事件中中国网民关注度分析——基于新冠肺炎网络舆情数据 [J]. 现代情报, 2020, 40（10）：11-21.

[243] 陈虹, 潘玉. 社交媒体在自然灾害事件中的风险沟通——以飓风"厄玛"为例 [J]. 当代传播, 2020（3）：66-70.

[244] 丁凤琴, 陆朝晖.（2016）. 共情与亲社会行为关系的元分析 [J]. 心理科学进展, 24（8）, 1159-1174.

[245] 冯小东, 马捷, 蒋国银. 社会信任、理性行为与政务微博传播：基于文本挖掘的实证研究 [J]. 情报学报, 2019, 38（9）：954-965.

[246] 范哲, 刘奔. 用户人格特质对虚拟社区信息分享行为的影响研究——以基本心理需要为中介变量 [J]. 现代情报, 2019, 39（11）：69-79, 97.

[247] 郭小安, 董天策. 谣言、传播媒介与集体行动——对三起恐慌性谣

言的案例分析 [J]. 现代传播（中国传媒大学学报），2013，35（9）：58-62.

[248] 侯玉波，葛枭语. 使用社交媒体能提升用户的社交自我效能感吗 ?[J]. 北京大学学报（自然科学版），2019，55（5）：968-976.

[249] 霍明奎，竺佳琪. 突发公共卫生事件下社交网络用户正能量信息分享行为机理及管理策略 [J]. 情报科学，2020，38（11）：121-127.

[250] 黄含韵. 中国青少年社交媒体使用与沉迷现状：亲和动机、印象管理与社会资本 [J]. 新闻与传播研究，2015，22（10）：28-49+126-127.

[251] 黄少华，郝强. 社会信任对网络公民参与的影响——以大学生网民为例 [J]. 兰州大学学报（社会科学版），2016，44（2）：68-80.

[252] 黄少华. 社会资本对网络政治参与行为的影响——对天津、长沙、西安、兰州四城市居民的调查分析 [J]. 社会学评论，2018，6（2）：19-32.

[253] 黄少华. 网络游戏意识对网络游戏行为的影响——以青少年网民为例 [J]. 新闻与传播研究，2009，16（2）：59-68，108.

[254] 敬娇娇，高闯，牛更枫. 互联网使用对共情的影响 [J]. 心理科学进展，2017，25（4）：652-661.

[255] 金晓玲，金可儿，汤振亚，周中允. 微博用户在突发事件中转发行为研究：基于信息源的视角 [J]. 情报学报，2015，34（8）：809-818.

[256] 金童林，陆桂芝，张璐，乌云特娜，金祥忠. 暴力环境接触对大学生网络攻击行为的影响：反刍思维与网络道德的作用 [J]. 心理学报，2018，50（9）：1051-1060.

[257] 寇彧，张庆鹏. 青少年亲社会行为的概念表征研究 [J]. 社会学研究，2006（5）：169-187.

[258] 刘于思，徐煜. 在线社会网络中的谣言与辟谣信息传播效果：探讨网络结构因素与社会心理过程的影响 [J]. 新闻与传播研究，2016，23（11）：51-69，127.

[259] 刘勤为，徐庆春，刘华山，等. 大学生网络社会支持与网络利他行为的

关系：一个有调节的中介模型 [J]. 心理发展与教育，2016，32（4）：426-434.

[260] 刘勤学，孙佳宁，余思. 社交网站中的自我呈现与青少年网络利他行为：网络社交效能和希望的作用 [J]. 心理发展与教育，2019，35（5）：530-539.

[261] 刘庆奇，孙晓军，周宗奎，牛更枫. 社交网站中的自我呈现对青少年自我认同的影响：线上积极反馈的作用 [J]. 中国临床心理学杂志，2015，23（6）：1094-1097.

[262] 刘海燕，闫荣双，郭德俊. 认知动机理论的新进展——自我决定论 [J]. 心理科学，2003（6）：1115-1116.

[263] 卢谢峰，韩立敏. 中介变量、调节变量与协变量——概念、统计检验及其比较 [J]. 心理科学，2007（4）：934-936.

[264] 李占乐，魏楠. 中国公众网络政治参与动力系统模型的构建——基于自我决定理论和系统理论的分析 [J]. 电子政务，2019（12）：14-23.

[265] 李明. 定量内容分析法在中国大陆新闻传播研究中的运用——以2003—2012年CSSCI收录的新闻传播类来源期刊论文为例 [J]. 新闻与传播研究，2013，20（9）：50-64，127.

[266] 李月琳，王姗姗. 面向突发公共卫生事件的相关信息发布特征分析 [J]. 图书与情报，2020（1）：27-33+50.

[267] 梁晓燕，魏岚. 大学生网络社会支持测评初探 [J]. 心理科学，2008，31（3）：689-689.

[268] 罗玲玲，魏春艳. 技术人工物发展的生态逻辑 [J]. 东北大学学报（社会科学版），2018，20（3）：221-226.

[269] 欧阳宏生，胡畔. 交互传播中的移情效应及其实现途径 [J]. 西南民族大学学报（人文社科版），2017，38（1）：174-178.

[270] 彭庆红，樊富珉. 大学生网络利他行为及其对高校德育的启示 [J]. 思想理论教育导刊，2005（12）：49-51.

[271] 潘忠党，刘于思. 以何为"新"？新媒体话语中的权力陷阱与研究者的

理论自省——潘忠党教授访谈录 [J]. 新闻与传播评论，2017：2-19.

[272] 潘曙雅，刘岩. 微信使用对大学生社会资本的影响机制研究 [J]. 国际新闻界，2018，40（4）：126-143.

[273] 潘泽泉，谢琰. 社会组织参与的影响机制研究——基于社会关系网络、信任结构与参与类型的实证分析 [J]. 中南大学学报（社会科学版），2019，25（6）：128-135.

[274] 秦敏，李若男. 在线用户社区用户贡献行为形成机制研究：在线社会支持和自我决定理论视角 [J]. 管理评论，2020，32（9）：168-181.

[275] 孙平，邵帅，石佳云，康文青. 基于扎根理论的短视频抖音用户出游行为形成机理研究 [J]. 管理学报，2020，17（12）：1823-1830.

[276] 孙炳海，苗德露，李伟健，张海形，徐静逸. 大学生的观点采择与助人行为：群体关系与共情反应的不同作用 [J]. 心理发展与教育（5）：491-497.

[277] 宋凤宁，黎玉兰，方艳娇等. 青少年移情水平与网络亲社会行为的研究 [J]. 广西师范大学学报（哲学社会科学版），2005，41（3）：84-88.

[278] 邵嵘，滕召军，刘衍玲. 暴力视频游戏对个体亲社会性的影响：一项元分析 [J]. 心理科学进展，2019（3）：453-464.

[279] 万文智，宋小康，赵宇翔，朱庆华. 在线健康信息替代搜索行为的影响因素探究：基于扎根理论的实证 [J]. 情报资料工作，2020，41（6）：88-94.

[280] 吴飞. 共情传播的理论基础与实践路径探索 [J]. 新闻与传播研究，2019，26（5）：59-76，127.

[281] 周翔，刘欣，程晓璇. 微博用户公共事件参与的因素探索——基于政治效能感与社会资本的分析 [J]. 江淮论坛，2014（3）：136-143，193.

[282] 温忠麟，侯杰泰，张雷. 调节效应与中介效应的比较和应用 [J]. 心理学报，2005（2）：268-274.

[283] 温忠麟，叶宝娟. 中介效应分析：方法和模型发展 [J]. 心理科学进展，

2014，22（5）：731-745.

[284] 温忠麟，张雷，侯杰泰，刘红云. 中介效应检验程序及其应用 [J]. 心理学报，2004（5）：614-620.

[285] 王宇琦，陈昌凤. 社会化媒体时代政府的危机传播与形象塑造：以天津港"8·12"特别重大火灾爆炸事故为例 [J]. 新闻与传播研究，2016，23（7）：47-59+127.

[286] 王小璐，风笑天. 网络中的青少年利他行为新探 [J]. 广东青年职业学院学报，2004（1）：16-19.

[287] 王建明，王俊豪. 公众低碳消费模式的影响因素模型与政府管制政策——基于扎根理论的一个探索性研究 [J]. 管理世界，2011（4）：58-68.

[288] 王建芳，冷伏海. 共引分析理论与实践进展 [J]. 中国图书馆学报，2006，32（1）：85-88.

[289] 王文超，伍新春. 共情对灾后青少年亲社会行为的影响：感恩、社会支持和创伤后成长的中介作用 [J]. 心理学报，2020，52（3）：307-316.

[290] 王栋晗，张珊. 在线内容付费意愿影响因素研究：基于用户免费心理的调节作用 [J]. 现代传播（中国传媒大学学报），2019，41（11）：122-129.

[291] 王楠，张士凯，赵雨柔，陈劲. 在线社区中领先用户特征对知识共享水平的影响研究——社会资本的中介作用 [J]. 管理评论，2019，31（2）：82-93.

[292] 王璇，李磊. 有界广义互惠与社会认同：社交网络游戏对大学生群体亲社会行为机制研究 [J]. 国际新闻界，2019，41（6）：48-65.

[293] 韦路，张明新. 网络知识对网络使用意向的影响：以大学生为例 [J]. 新闻与传播研究，2008（1）：71-80+97.

[294] 徐孝娟，赵宇翔，吴曼丽，朱庆华，邵艳丽. S-O-R 理论视角下的社交网站用户流失行为实证研究 [J]. 情报杂志，2017，36（7）：188-194.

[295] 薛可，余来辉，余明阳. 公共危机传播中社交媒体用户的参与动机与行

为研究 [J]. 新闻界，2017（9）：55-62.

[296] 薛可，余来辉，余明阳. 公益微电影对大学生网络亲社会行为的影响 [J]. 当代青年研究，2017，000（3）：17-23.

[297] 薛婷，陈浩，乐国安，姚琦. 社会认同对集体行动的作用：群体情绪与效能路径 [J]. 心理学报，2013，45（8）：899-920.

[298] 解方舟，吴姗姗，杨平，何成森. 共情能力的作用及其培养 [J]. 中国健康心理学杂志，2016，24（9）：1425-1432.

[299] 余宏波，刘桂珍. 移情、道德推理、观点采择与亲社会行为关系的研究进展 [J]. 心理发展与教育，2006（1）：113-116.

[300] 叶俊杰. 埃里克森的认同概念与心理历史学 [J]. 丽水师专学报，1995（3）：20-22.

[301] 叶穗冰. 从德育角度探讨大学生在虚拟社会的亲社会行为 [J]. 攀登：哲学社会科学版，2013. 188-212.

[302] 姚山季，王富家，刘德文. 内容型虚拟社区中的用户互动和融入：身份认同的中介效应 [J]. 商业经济与管理，2018（2）：64-78.

[303] 岳淼，黄琬丽.《人民日报》微信公众平台的传播与用户行为研究 [J]. 现代传播（中国传媒大学学报），2017，39（5）：133-136.

[304] 姚琦，马华维，阎欢，等. 心理学视角下社交网络用户个体行为分析 [J]. 心理科学进展，2014，22（010）：1647-1659.

[305] 杨成虎. 公众网络参与若干问题探析 [J]. 云南社会科学，2010（3）：24-27.

[306] 杨欣欣，刘勤学，周宗奎. 大学生网络社会支持对网络利他行为的影响：感恩和社会认同的作用 [J]. 心理发展与教育，2017，33（2）：183-190.

[307] 杨洸. 社会化媒体舆论的极化和共识——以"广州区伯嫖娼"之新浪微博数据为例 [J]. 新闻与传播研究，2016，23（2）：66-79+127.

[308] 杨英. 青少年网络亲社会行为互动模型研究——以上海某中学百度 BBS 为例 [J]. 中国青年研究，2011（7）：69-72.

[309] 燕展，朱从书. 大学生感戴与自我概念、社会支持的相关研究 [J]. 中国健康心理学杂志，2012，20（7）：1110-1112.

[310] 阳长征. 期望确认与体验效用对突发事件持续分享行为影响研究 [J]. 情报杂志，2020，39（9）：129-136+128.

[311] 阴良. 孤独感、社会认同与 SNS 使用之研究——以人人网为例 [J]. 新闻大学，2010（4）：8-18.

[312] 占小军，陈颖，罗文豪，郭一蓉. 同事助人行为如何降低职场不文明行为：道德推脱的中介作用和道德认同的调节作用 [J]. 管理评论，2019，31（4）：117-127.

[313] 宗乾进，杨淑芳，谌莹，沈洪洲. 突发性灾难中受灾地区社交媒体用户行为研究——基于对"天津 8. 12 爆炸"相关微博日志的内容分析和纵向分析 [J]. 信息资源管理学报，2017，7（1）：13-19+105.

[314] 张剑，张建兵，李跃，等. 促进工作动机的有效路径：自我决定理论的观点 [J]. 心理科学进展，2010，18（5）：752-759.

[315] 张庆鹏，寇彧. 青少年亲社会行为测评维度的建立与验证 [J]. 社会学研究，2011（4）：105-121.

[316] 张杰，覃柯文. 新媒体慈善行为的情感动力机制研究 [J]. 现代传播（中国传媒大学学报），2017，039（2）：59-62+79.

[317] 朱燕菲，丁姝娟，闫肃. 大学生在新型社交媒体上慈善捐赠的行为特征及其影响因素探究 [J]. 青少年学刊，2017（3）：43-47.

[318] 赵凯莉，杨梦圆，苗灵童，刘燊，张林. 成人依恋对大学生网络利他行为的影响：共情与信任的中介作用 [J]. 人类工效学，2017，23（3）：23-28，34.

[319] 赵欢欢，张和云，刘勤学，王福兴，周宗奎. 大学生特质移情与网络利他行为：网络社会支持的中介效应 [J]. 心理发展与教育，2012，28（5）：478-486.

[320] 郑昱. 突发公共事件中舆论信息传播倾向的影响因素——基于民众负性情绪的研究视角 [J]. 情报理论与实践，2017，40（7）：80-87.

[321] 郑显亮，王亚芹. 青少年网络利他行为与主观幸福感的关系—— 一个有中介的调节模型 [J]. 心理科学，2017（1）：70-75.

[322] 郑显亮，赵薇. 共情、自我效能感与网络利他行为的关系 [J]. 中国临床心理学杂志，2015，23（2）：358-361.

[323] 郑显亮，顾海根. 大学生网络利他行为和网络行为偏好的关系：班级环境的作用 [J]. 心理与行为研究，2013，11（5）：690-696.

[324] 郑显亮. 乐观人格、焦虑、网络社会支持与网络利他行为关系的结构模型 [J]. 中国特殊教育，2012，000（11）：84-89.

[325] 郑显亮. 现实利他行为与网络利他行为：网络社会支持的作用 [J]. 心理发展与教育，2013（1）：31-37.

[326] 钟智锦. 互联网对大学生网络社会资本和现实社会资本的影响 [J]. 新闻大学，2015（3）：30-36.

[327] 陈朝阳. 亲社会视频游戏影响亲社会行为倾向的心理机制研究 [D]. 长沙：湖南师范大学，2014.

[328] 董雪艳. 技术可供性与用户关系对社会化商务购买意向影响研究 [D]. 哈尔滨：哈尔滨工业大学，2018.

[329] 高阳. 社群公益众筹的个人感知对捐赠意愿的影响研究 [D]. 哈尔滨：哈尔滨工业大学，2018.

[330] 郝晓媛. 弥合与连接：网络时代亲社会行为的场景重构 [D]. 太原：山西大学，2019.

[331] 乐国安，薛婷，陈浩. 网络集群行为的定义和分类框架初探 [J]. 中国人民公安大学学报（社会科学版），2010（6）：99.

[332] 危敏. 大学生网络亲社会行为的研究 [D]. 济南：山东大学，2007.

[333] 王鹏. 知识型员工知识隐藏行为形成机理研究 [D]. 大连：大连理工大学，2019.

[334] 余来辉. 互联网群体传播中用户突发公共卫生事件参与行为研究 [D]. 上海：上海交通大学，2019.

[335] 郑显亮. 大学生网络利他行为：量表编制与多层线性分析 [D]. 上海：

上海师范大学，2010.

[336] 黄丽娜. 研究网络亲社会参与：概念、维度与测量——基于突发公共事件中社交媒体用户的实证 [J]. 国际新闻界，2022，44（8）：49-69.

附录 1

量表维度专家调查表

尊敬的专家：

　　您好！

　　我们正在进行一项与突发公共卫生事件中社交媒体用户亲社会参与行为相关的研究。亲社会参与是指在突发公共卫生事件发生时，社交媒体用户通过发布、转发、评论、互动及微捐款等方式参与的与突发公共事件相关并旨在使他人或群体受益的积极、友好行为。

　　在前期的研究中，我们界定了突发公共卫生事件中用户亲社会参与的三个构成维度，分别是情感支持、网络贡献、爱心行动。情感支持是指在突发公共卫生事件中给予他人心理上的支持。网络贡献是指在突发公共卫生事件中，用户在线贡献个人所掌握的信息、知识和见解。爱心行动是指在突发公共卫生事件中，用户通过社交媒体参与或发起的在线救助、在线捐助相关的慈善行动。

　　根据以上界定，您认为以下的表述中分别属于哪个维度？请在对应维度下打√，如您认为不属于任何选项则在其他项下打√。

编号	题项	情感支持	爱心行动	网络贡献	其他
1	在社交媒体上为突发公共卫生事件中需要帮助的人提供建议				
2	在社交媒体上向政府或公共机构发表我个人的建议				

（续表）

编号	题项	情感支持	爱心行动	网络贡献	其他
3	积极回答社交媒体上关于突发公共卫生事件的提问				
4	在突发公共卫生事件中，利用自己的知识在社交媒体上帮助他人解决疑难问题				
5	在社交媒体上发布或转发事件中受害者的求助信息，以使其获得救助				
6	在社交媒体上发布或转发政府或媒体的救助信息，以使他人获得救助				
7	通过社交媒体直接为需要帮助的人提供直接救助				
8	通过社交媒体向突发公共卫生事件中遭遇困难的人捐款				
9	在社交媒体上转发与突发公共卫生事件相关的捐赠信息				
10	在社交媒体上呼吁其他人为需要帮助的人捐款				
11	通过社交媒体赞扬突发公共卫生事件中的人或行为				
12	在突发公共卫生事件中，通过社交媒体安慰他人				
13	当他人遭遇困难时，通过社交媒体表示关心				
14	在社交媒体上为事件中的人祈福、加油				
15	在突发公共卫生事件中，通过社交媒体向他人表达感谢、致敬				
16	在突发公共卫生事件中，通过社交媒体发布一些有积极意义的帖文以激励他人				
17	通过社交媒体告知他人我认为重要的突发公共卫生事件动态				
18	通过社交媒体提醒他人做好突发公共卫生事件的应对和防范				
19	在突发公共卫生事件中，通过社交媒体提醒他人警惕某些诈骗、谣言等不良信息				
20	通过社交媒体分享与突发公共卫生事件相关的科学知识				
21	在突发公共卫生事件中，协助官方转发需要宣传扩散的信息				
22	通过社交媒体曝光突发公共卫生事件中的某些违规、不好的行为				
23	对一些批评或谴责不良行为的帖子跟帖、评论				
24	对一些有关突发公共卫生事件的谣言，通过社交媒体进行辟谣				

附录 2

深度访谈提纲

序号	访谈问题
1	您最近经历过哪些突发公共卫生事件
2	您认为在突发公共卫生事件中,社交媒体给您带来了哪些方面的体验
3	在突发公共卫生事件中,您有在社交媒体上进行亲社会参与吗?如果有,请举例说明
4	您是如何看待在突发公共卫生事件中社交媒体亲社会参与行为的
5	这些行为要花费您一定的时间、精力或者金钱,您为什么会去做它呢
6	您觉得在突发公共卫生事件中,通过社交媒体进行亲社会参与的优势有哪些?请举例说明
7	您觉得在突发公共卫生事件中,通过社交媒体进行亲社会参与和线下生活中参与此类行为有没有不一样的地方

附录 3

正式调查问卷

您好！我们是华中科技大学的博士研究生，需要向您了解有关突发公共卫生事件中的社交媒体使用及其他问题。突发公共卫生事件是指突然发生，造成或者可能造成社会公众健康严重损害的重大传染病疫情、群体性不明原因疾病、重大食物和职业中毒及其他严重影响公众健康的事件。

本问卷仅用于学术研究，不会外泄，感谢您的参与！

1.在突发公共卫生事件中，请您对下列行为做出最符合您情况的选择。

题项	非常不同意	不同意	一般	同意	非常同意
我会通过社交媒体赞扬突发公共卫生事件中的人或行为	1	2	3	4	5
在突发公共卫生事件中我会通过社交媒体安慰他人	1	2	3	4	5
当他人遭遇困难时，我会通过社交媒体表示关心	1	2	3	4	5
我会在社交媒体上为突发公共卫生事件中的人祈福、加油	1	2	3	4	5
在突发公共卫生事件中，我会通过社交媒体向他人表达感谢、致敬	1	2	3	4	5

2. 在突发公共卫生事件中，请您对下列行为做出最符合您情况的选择。

题项	非常不同意	不同意	一般	同意	非常同意
我会通过社交媒体告知他人我认为重要的突发公共卫生事件动态	1	2	3	4	5
我会通过社交媒体提醒他人做好突发公共卫生事件的应对和防范	1	2	3	4	5
在突发公共卫生事件中，我会协助官方转发需要宣传扩散的信息	1	2	3	4	5
我会通过社交媒体分享与突发公共卫生事件相关的科学知识	1	2	3	4	5
我会在社交媒体上为突发公共卫生事件中需要帮助的人提供建议	1	2	3	4	5
在突发公共卫生事件中，我会通过社交媒体提醒他人警惕某些诈骗、谣言等不良信息	1	2	3	4	5

3. 在突发公共卫生事件中，请您对下列行为做出最符合您情况的选择。

题项	非常不同意	不同意	一般	同意	非常同意
我会在社交媒体上发布或转发他人求助的信息	1	2	3	4	5
我会在社交媒体上发布或转发政府或媒体的救助信息，以帮助他人获得救助	1	2	3	4	5
我会通过社交媒体为需要帮助的人提供救助	1	2	3	4	5
我会通过社交媒体向突发公共卫生事件中遭遇困难的人捐款	1	2	3	4	5
我会在社交媒体上呼吁其他人为需要帮助的人捐款	1	2	3	4	5

4. 对于上面 1 到 3 题描述的社交媒体中的亲社会参与行为，您有何看法？

题项	非常不同意	不同意	一般	同意	非常同意
我有能力在社交媒体上参与这些亲社会行为	1	2	3	4	5
对我来说在社交媒体上参与亲社会行为并不是一件难事	1	2	3	4	5
我相信在社交媒体上参与这些亲社会行为具有积极作用，如能帮到他人	1	2	3	4	5

5. 在突发公共卫生事件中，请根据您的实际情况做出选择。

题项	非常不同意	不同意	一般	同意	非常同意
网上与我经常互动的人的情绪对我影响很大	1	2	3	4	5
网上的某些内容会让我的情绪很失落	1	2	3	4	5
网上的某些内容会让我很感动	1	2	3	4	5
当我在网上看到某些事件中的人的视频或照片时，我觉得自己就像那个人一样	1	2	3	4	5
当我通过互联网与他人互动时我能察觉到对方的情绪	1	2	3	4	5
在网上和我互动的某个人感到高兴时，我通常会很快意识到	1	2	3	4	5
在网上我通常能够了解人们所感受到的情绪	1	2	3	4	5

6. 请根据您的实际情况做出选择。

题项	非常不同意	不同意	一般	同意	非常同意
在突发公共卫生事件中，我能通过社交媒体联系到我想联系的人	1	2	3	4	5
在突发公共卫生事件中，我能通过社交媒体联系到我关心的人	1	2	3	4	5
在突发公共卫生事件中，我能通过社交媒体联系到需要帮助的人	1	2	3	4	5

7. 请根据您的实际情况做出选择。

题项	非常不同意	不同意	一般	同意	非常同意
社交媒体提供的突发公共卫生事件相关信息种类比较丰富	1	2	3	4	5
社交媒体提供的突发公共卫生事件相关信息内容比较全面	1	2	3	4	5
社交媒体提供了很多有价值的信息，有助于我更好地应对突发事件	1	2	3	4	5

题项	非常不同意	不同意	一般	同意	非常同意
社交媒体让我可以使用多种方式（如文、图、表情、打赏支付等）参与转发、回复、互动、捐款等	1	2	3	4	5
社交媒体使我能够在突发公共卫生事件中较充分地表达自己的感受	1	2	3	4	5

8.下面关于对您自己评价的说法，您同意吗？

题项	非常不同意	不同意	一般	同意	非常同意
当突发公共卫生事件发生时，我感到我与他人有着共同的命运	1	2	3	4	5
当突发公共卫生事件发生时，我充分认可大家的共同努力	1	2	3	4	5
在社交媒体上，我是我所在群体中有价值的一员	1	2	3	4	5
在社交媒体上，我是我所在群体中积极的参与者	1	2	3	4	5
在社交媒体上，我所在群体对我而言很重要	1	2	3	4	5

9.下面关于对您自己评价的说法，您同意吗？

题项	非常不同意	不同意	一般	同意	非常同意
我是一个有同情心的人	1	2	3	4	5
我是一个友善的人	1	2	3	4	5
我是一个助人为乐的人	1	2	3	4	5
我是一个有责任感的人	1	2	3	4	5
我是一个慷慨的人	1	2	3	4	5

10. 您的性别？

    A. 男　　　　　　　B. 女

11. 您的学历或教育程度？

    A. 初中及以下　　　B. 高中（中专）大专　　C. 本科　　　　D. 硕士及以上

12. 您的年龄？

    A. 19 岁及以下　　　B. 20~29 岁　　　　C. 30~39 岁　　D. 40 岁及以上

13. 您的户籍？

    A. 城市　　　　　　B. 农村

14. 您可支配的平均月收入？

    A. 1 000 元以下　　B. 1 001~3 000 元　　C. 3 001~5 000 元

    D. 5 001~8 000 元　E. 8 001~12 000 元　F. 12 001 元以上

15. 您的职业？

    A. 企业从业人员　　B. 政府机关人员　　C. 事业单位人员

    D. 个体经营者　　　E. 在校学生　　　　F. 制造生产型企业工人

    G. 农民　　　　　　H. 自由职业者　　　I. 其他

16. 您平均每天使用社交媒体的时长？

    A. 1 小时以下　　　B. 1~2 小时　　　　C. 2~4 小时　　D. 4~6 小时

    E. 6~8 小时　　　　F. 8 小时以上

17. 您主要使用的社交媒体？（可多选，最多选三项）

    A. 论坛 / 社区　　　B. 微博　　　　　　C. 微信　　　　D. QQ

    E. 抖音　　　　　　F. 人人网　　　　　G. 其他

18. 您的社交媒体使用年限？

    A. 3 年以内　　　　　　　　　　　B. 3~5 年

    C. 5~8 年　　　　　　　　　　　　D. 8 年以上